スキルアップ

いことが
1分でまとまる

言語化のコツ

[監修]
鶴野充茂
自己演出プロデューサー

永岡書店

言いたいことが伝わらずにモヤモヤしていませんか？

話が伝わらない……

途中で言いたいことがわからなくなる

頭の中の考えをうまくまとめられない

説明が長くてわかりづらいと言われる

何から話せばいいかわからない……

説明べたな
小川直人さん（36歳）

**報連相が
できないと
怒られて
ばかり……**

**部下や後輩への
指示出しが苦手**

言葉に
できない……

**ものごとを
論理的に
考えるのが苦手**

**適切な語彙や
表現が
見つけられない**

話が苦手な
加藤亜美さん（28歳）

「言語化力」を高める伝え方の基本は、"1分"で"6つの文"にまとめること

なぜ"1分"なのか？

"1分"なら、
短気な人でも
聞いてくれる

"1分"あれば、
十分な情報量を
伝えられる

"1分"なら、
「話が簡潔な人」
という印象を
与えられる

なぜ“6文”なのか？

日本語の場合、
聞き取りやすい
メッセージはおおよそ
1文で10秒になる

“6文”を意識すると
必要不可欠な
情報だけを簡潔に
短くまとめられる

6文で話すと
自然と1分程度に
まとまる

まずは「聞き手の興味を引き」、次に「聞き手に理解をさせ」、最後に「具体的にお願いする」というのが基本パターンです。詳しくは 32 ～ 35 ページで解説しています

監修者
鶴野充茂 先生

「言語化力」を高める！説明上手な人の伝え方テクニック

☑ 全体像から話しはじめる　※28ページ参照

☑ 事実は5W2Hで伝える　※36ページ参照

☑ 事実→意見→要望の順番で伝える　※38ページ参照

☑ 余計な言葉を減らす　※70ページ参照

言語化力とは、頭の中にある考えを相手にわかりやすく伝える能力なんだね！
いろんなテクニックがあるのね。よし！早速、できるものから実践してみようかな

- ☑ 伝えたい結論を1つに絞る　※58ページ参照
- ☑ 質問を予想し、答えを用意しておく　※72ページ参照
- ☑ 相手にメモしてほしいことを伝える　※64ページ参照
- ☑ 話す内容にタイトルをつける　※62ページ参照
- ☑ 理由＋第三者の意見で納得させる　※82ページ参照
- ☑ 数字と固有名詞を用いる　※86ページ参照

「長くて丁寧な説明をすれば伝わる」「すべてを理解してもらいたい」といった“勘違い”にも注意しましょう！
（24、48ページ参照）

「言語化力」を高めることで仕事も人間関係もうまくいく！

仕事を前に進める能力が高まって生産性が上がる

ムダな手順や時間のロスを省くことができる

説明上手になり仕事がうまくいく！

客観的で冷静な視点が身につき、判断力が高まる

企画やアイデアを通しやすくなる

思いが伝わり、周囲から信頼される!

上司や
仲間からの
評価が上がる

指示が
的確になり、
ミスやトラブルが
減る

意見や提案が
相手に
伝わりやすくなる

意思疎通が
円滑になり、
人間関係が
良好に!

先輩、
わかりました
はい!

言語化力を高めると仕事や人間関係にメリットがあるだけでなく、あせりやイライラが減っていくなど感情面にもよい影響が表れますよ!

はじめに

言語化力を高めることで、「モヤモヤ」が「スッキリ」に変わる！

「モヤモヤする」「違和感がある」「納得できない」「キーッとなる」「スッキリしない」――もしも、あなたがこんな言葉をよく使っているならば、ぜひこのまま読み進めてください。この本は、まさにあなたの明日を「スッキリ」させるために書いた本です。

「モヤモヤする」は、うまく言葉にならない状況のときに口から出る表現です。それを言葉にできると、仮に問題自体はそのまま変わらなかったとしても、状況を自分の中で整理できるので、実はもう半分は解決したのも同然なのです。そして具体的にアドバイスや協力を求めたり、誰かと重荷を共有したりすることができて、気持ちははるかに軽やかになります。これを「言語化する」と言います。

言語化には何ら特別なスキルは必要ありません。難しいことではないのです。ボキャブラリーがたくさん必要だということでもありません。**考え方を学び、簡単な練習をすれば、誰でもできるようになります**。

私はこれまで20年以上にわたって、主に忙しいビジネスパーソンたちに、人に伝わる伝え方、つまり効果的な説明の方法を教えてきました。説明やコミュニケーションに関する本は30冊ほど出してきました。さまざまな角度から、人に伝えるということに取り組んで来たのです。

この本にまとめている内容は、**若い人からシニアや経営層まで共通して役立つ基本的な、それでいて意外と多くの人ができていない「言語化」の方法を、具体的に1つずつわかりやすく練習しやすい形にまとめたもの**です。

ぜひこの本で、あなたの「モヤモヤ」を「スッキリ」に変えてください。

鶴野充茂

Contents

第3章
こんなときどうするの？「言語化」以前の伝え方Q＆A

第1章

「言語化力」を高めるための基本メソッド

頭の中の「モヤモヤ」を言葉にし、相手にわかりやすく伝えるには、いくつかの「コツ」を身につける必要があります。あなたの「言語化力」を磨く“基本のき”のメソッド＆トレーニング方法を紹介します。

そもそも「言語化」とは何？

今、「言語化」が注目される理由とは？

相手にわかりやすく伝える能力

近年、グローバル化やダイバーシティ（多様性）の推進、さらにはリモートワークの拡大や生成AI活用の場の急増などにより、ビジネスシーンでは**「変化への対応力」の重要度が増しています。**

変化の多い環境では、これまで以上にさまざまな人との適切かつ円滑なコミュニケーションが求められます。また、新たな領域への挑戦や環境に適応する能力も必要となります。そうした環境下で求められるものの1つが、**自分の頭の中にある考えや情報などを的確に言葉にして、相手にわかりやすく伝える能力――つまり、「言語化力」です。**

「言語化」が苦手な人の共通点とは？

「言語化」が苦手な人には、ある共通する特徴があります。

1つめの特徴は、**伝えたいことを客体化できない**ということです。つまり、言語化が苦手な人は「自分の近くしか見えておらず、全体像が把握できていない」ことが多いのです。

2つめの特徴は、相手に何をしてほしいのかが整理できていないことです。言い換えると、「コミュニケーションの目的が不明確」なのです。

この2点をどう克服するかについては、これから詳しく解説していきます。

変化が激しい時代、「言語化力」が必要とされる

変化が激しい時代には、正確かつ円滑に言葉で伝え合う能力がより一層求められるのか
リモートワークの拡大や生成AIの活用など……現在は変化が激しい時代
変化が激しい時代には、新たな領域への挑戦や変化への適応が求められる
挑戦や適応のためには、感覚や情報などを的確に言葉にし、相手にわかりやすく伝える能力（言語化力）が求められる
「言語化」とは、頭の中にある考えを言葉にして、わかりやすく伝えること。時代や環境の変化への適応力を高めるためには、「言語化」の能力が不可欠なのです

「言語化」がもたらすメリットとは？

「言語化力」があなたの評価を上げる

目標達成能力がどんどん高まる！

言語化力を高めることによって得られるもっとも大きなメリットは、**自分の意見や提案が相手に伝わりやすくなる**ことです。たとえ頭の中に「魅力的な企画」や「斬新なアイデア」があったとしても、それを相手に正確に伝えることができなければ、ものごとは前に進みません。

言語化力を高めると情報を整理する能力が上がるため、説得力のある報告書を**効率よく作成することができます**。さらに、要点がわかりやすい「伝え方」も身につくので、**企画やアイデアも通しやすくなる**のです。

また、言語化力を高めることは実務面だけでなく、感情面におけるメリットもあります。

たとえば、言語化することで自分の思考や感情を客観的に分析する習慣が身につくと、**ものごとを冷静に観察したり、判断したりする能力が磨かれていきます**。すると「なんでわかってもらえないんだろう……」などと**イライラすることが減っていく**でしょう。そして、客観的にものごとをとらえることができるようになると、**それまで「悩んでいた時間」が、「解決策を考える時間」になり、ものごとを前に進める能力がより一層高まります。**

そうなれば、**あなたの評価はおのずと上がり、周囲の人間関係も自然に改善されていくでしょう。**

言語化力を高めることで得られるメリット

書類作成が
スピードアップする

意見や提案が相手に
伝わりやすくなる

評価が上がり、
人間関係もよくなる

企画やアイデアを
通しやすくなる

客観的な視点が身につき
イライラが減る

ものごとを前に進める
目標達成力が高まる

言語化力を高める3つの目的

「言語化力」の差が成果の差につながる

相手に「自分の協力者」になってもらう

そもそも「言語化力」を高める目的とは何でしょうか？　実は、その目的は1つではなく、左図のとおりいくつかのステップに分けられます。

もっとも初歩的な段階は、左図・ステップ1の**「相手から何かを聞き出す」**ことです。ビジネスの現場においては、相手のニーズを聞き出すことは〝基本のき〟であり、ここまでは多くの人が実践しているはずです。

さらに意識の高い人は、左図・ステップ2の**「自分から何かを伝える」**ことも目的としています。

つまり、言語化力のレベルを少し上げることで自分が「相手の協力者」になるのではなく、相手に「自分の協力者」になってもらうことができるのです。

しかし、それよりさらに上のレベルの目的があります。それが、左図・ステップ3の**「問題を解決して成果を上げる」**ことです。

相手をやる気にさせ、自分の意図したとおりに行動を促し、仕事の目的に一直線に向かわせるという、いわば「問題解決に導くための言語化」といえるでしょう。

この3つの目的は、言語化力をレベルアップさせるための3ステップであり、**言語化力のレベルの差はそのまま「仕事の成果の差」につながる**のです。

言語化力を高める3つのステップ

▲ステップ3

問題を解決して成果を上げる

・相手をやる気にさせ、行動を促す

・自分の思いどおりに仕事を進める

▲ステップ2

自分から何かを伝える

・うまくコミュニケーションを取り、相手に協力者になってもらう

・自分のアイデアを提案する

▲ステップ1

相手から何かを聞き出す

・相手の持っている情報を聞き出す

・自分が疑問に思ったことを確かめる

・相手の意見を聞き、その意味を理解する

ステップ１から３へと段階を踏んでいくことで、相手に「自分の協力者」になってもらえるように伝える意識を高めていきましょう

説明べたな人が陥りがちな3つの誤解

丁寧な説明がよいとは限らない

言語化や説明がへたな人のなかには、「自分は言語化力がある」「説明がうまい」などと思い込んでいる人もいます。そうした人が陥りやすいのが、次の「3つの誤解」です。

1つめは、**「時間をかけて伝えればわかってもらえる」という誤解**。人間の集中力には限界があります。また、人は「興味がない話」を聞いても頭に入りません。それどころか、興味がない人にとっては、話が長ければ長いほど苛立ちが増し、なおさら聞く気がなくなってしまいます。

2つめは、**「丁寧な説明が理解につながる」という誤解**。人は、情報が多いとかえって混乱します。「詳しすぎる説明を聞いたり、長文のメールを見たりしてうんざり……」という経験がある人は多いのではないでしょうか。説明が上手な人は、情報量の絞り込みがうまいため、話も短く簡潔です。

3つめは、**「意図や内容が伝われば、相手からの協力が得られる」という誤解**。聞き手は、説明された内容がわかったところで、自分に何を期待されているのか（自分は何をすればいいのか）がわからなければ、あなたのために動こうとはしません。意図や内容を正確に伝えるだけではなく、「相手に何をしてほしいのか」も明確にして伝えることが大切なのです。

説明がへたな人が陥りがちな「3つの誤解」

✕ 時間をかけて伝えればわかってもらえる → ○ 短く伝える

✕ 丁寧な説明をすれば理解してもらえる → ○ 情報量を絞り込む

✕ 意図や内容が伝われば協力が得られる → ○ 相手にしてほしいことを明確にする

あなたも誤解して
いませんか？

言語化とは、相手と「イメージを共有する」こと

「相手に伝わる言葉」を増やそう

同じ仲間とばかり話していないか？

「言語化する」とは、つまり「相手とイメージを共有する」ことだといえます。そして、**相手とイメージを共有するためには、相手のことを知ったり、相手に合わせたりすることが必要**です。

たとえば、いつも同じ仲間や決まった相手とばかり話していると、言葉を省略してもイメージが共有できるため、伝えようとする意識がどんどん薄れてしまいます。そして、その話し方に慣れきってしまうと、初対面の相手との会話の場合、「通じるだろう」と思っていた言葉が通じなかったり、違った意味で伝わったりしてしまい、「イメージを共有する」ことはできないでしょう。

人間関係が言語化の基礎体力を養う

言語化力を高めたいのであれば、普段から、意識的にいろいろな人とコミュニケーションを取り、「相手に伝わる言葉」を増やしていくことをお勧めします。

「仲間内だけの言葉」が通じない相手に、どうすればわかりやすく、正確に伝えられるのかを意識することで、相手と「イメージを共有する力」、つまり言語化力が確実に高まっていくでしょう。

言語化の基礎体力を養ううえで、柔軟でオープンな人間関係を築くことはとても重要なのです。

話す相手に応じて、伝え方を合わせる

「言葉を相手に合わせる」とは、仲間内の挨拶を仲間以外の人に通じるものにするのと同じこと。「どうすれば相手に伝わるか」を意識することが言語化力を高める“基本のき”です

仲間内なら言葉を省略しても伝わるが……

おあーっす
おあーっす

仲間以外には言葉が通じない…

おあーっす
?
あっ、
通じてない!

このように、いろんな人とコミュニケーションを取ることで、話し方の欠点や伝え方のコツにも気づけます

通じなければ、相手に合わせた言葉で伝える

ごきげん
よう!?
おはよう
ございます
ごきげんよう

言語化の基本メソッド①

伝えたいことの「全体像」から話しはじめる

まずは「要約する」ことを意識する

「自分が思っていることを、言葉で伝えるのが苦手……」と感じている人は多いです。しかし、実は「うまく伝える」能力は、これからお伝えするたった2つのポイントを押さえるだけで劇的にアップします。

1つめのポイントは、**「話しはじめは伝えたいことの全体像を話す」**です。**全体像から話すとは、つまり「要約する」ということ**です。

たとえば織田信長について説明する場合、いきなり「尾張の戦国武将、織田信秀の息子で、幼名は吉法師で……」などと時系列で話しはじめると、**聞き手は話の全体像がわからず、続く細かな情報も頭の中で整理できなくなってしまいます。**

一方、「これから話すのは戦国時代の三英傑の一人で、とても人気のある戦国武将の一人です。天下統一の目前で家臣の明智光秀に謀反《むほん》を起こされ、自害しました」と、これから説明する内容の全体像（要約）から話しはじめれば、**聞き手は「そういう人物なんだ」と納得でき、そのあとに続く細かい説明も頭に入りやすくなります。**

このように、説明の最初は全体像から話すことを意識するだけで、聞き手は話のポイントが理解しやすくなり、説明への関心を持続させることができるのです。

全体像から話しはじめると理解しやすい

たとえば「さるかに合戦」の物語を説明する場合、いきなり冒頭部分やクライマックスなどから話しはじめると、聞き手は全体像が見えず情報が頭に入ってこない……

何の話? よく
わからないんだけど…
柿の種を持った猿とおにぎりを持っている蟹がいて、猿が蟹に、お互いが持っている物の交換を提案するのですが…

説明の冒頭で全体像（要約した内容）を伝えることで、聞き手は「そういう話なのか」と納得でき、続く細かい情報も頭に入りやすくなる

そういう話なんだ。
なんだかおもしろそう!
ずる賢い猿に騙されて殺された蟹がいて、その蟹の子どもたちが仲間たちと協力して猿に復讐するという民話です

全体像を把握して客観的に描写する

2つめのポイントは**「客観的に描写する」**です。客観的に描写するためには、話し手が話題の全体像を把握し、自分の視点だけでなく、「ほかの人にはどう見えているか」を意識する必要があります。

たとえば、「緑色で、薄っぺらくて、ギザギザして……」と聞いて、何の説明をしているのかわかる人は少ないでしょう。

一方、「お弁当の仕切りや彩りを添える目的で使われる緑色のシートで……」と聞けば、「あっ、あれか」と思い当たるのではないでしょうか（ちなみに、あの緑色のものは「バラン」といいます）。

「緑色で〜」という説明では、**説明の対象となっているものを「見た目の印象」でしか話せていません。つまり、視点が近すぎて、客観的に説明できていない**ため、相手に伝わりづらいのです。

一方、「お弁当の仕切りや〜」の説明では、「ギザギザ」「薄っぺらい」といった対象物の説明そのものが少なくても、**「どんな目的で使われるものか」「どのような場面で目にするものか」といった客観的な情報を具体的に伝えている**ため、「何について説明しているのか」がわかりやすいのです。

「引いた視点」が描写に広がりを生む

このように、相手に伝わる話し方をするためには、聞き手に「どのように全体像（輪郭）をイメージしてもらうか」を意識すること、そして、説明するものを「引いた視点」で客観的に描写することが基本といえます。

また、引いた視点で全体像を把握することで、描写する言葉にも広がりが生まれるため、相手も正確にイメージできるようになります。

聞き手に伝えるときには、話題の**一部分だけではなく、全体を見て客観的に描写する**意識を持つことが大切なのです。

引いた視点で客観的に描写すること

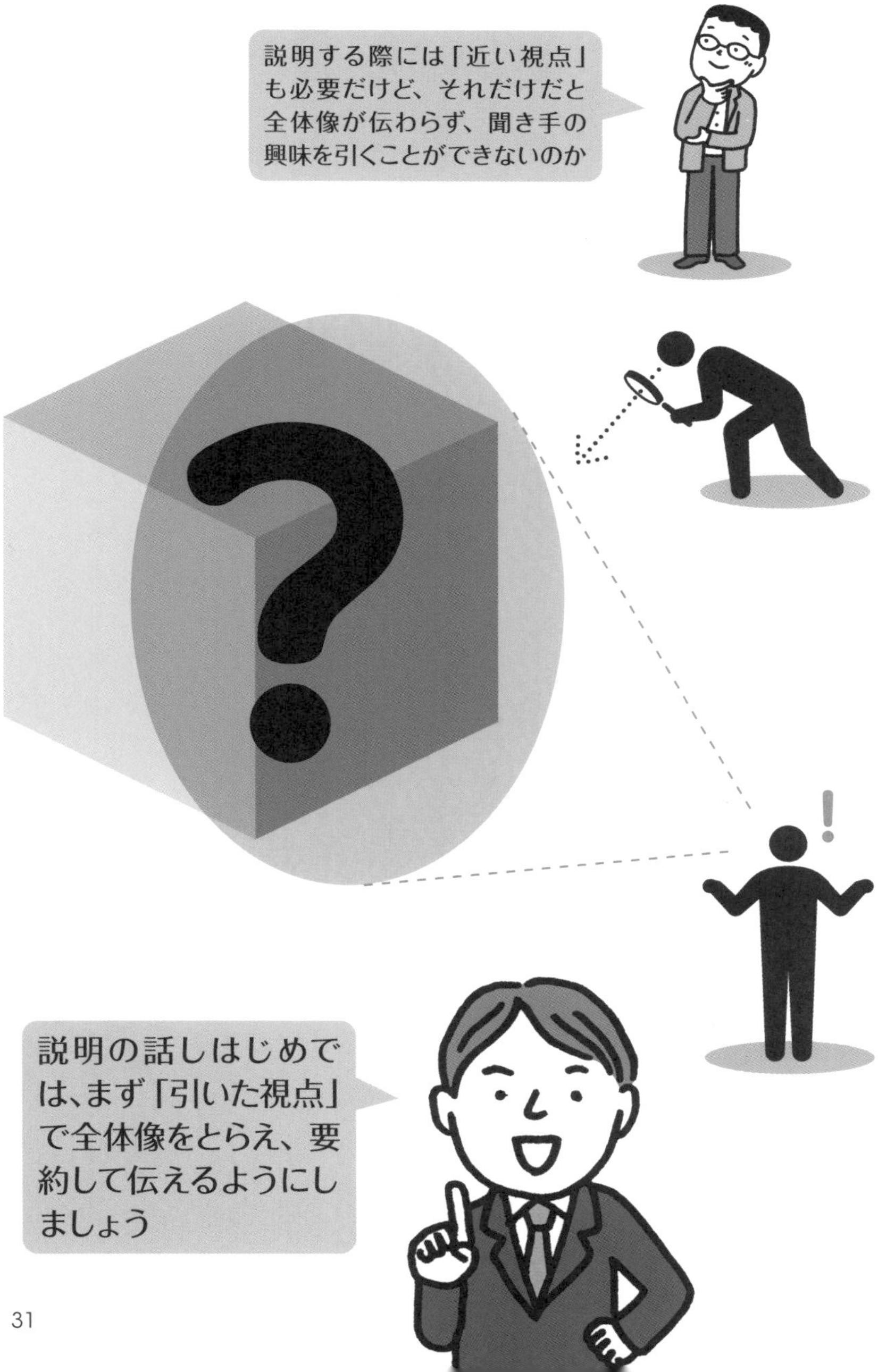
説明する際には「近い視点」も必要だけど、それだけだと全体像が伝わらず、聞き手の興味を引くことができないのか
説明の話しはじめでは、まず「引いた視点」で全体像をとらえ、要約して伝えるようにしましょう

言語化の基本メソッド②

「1分」で簡潔にまとめる伝え方

「6文構成」で話は自然と1分にまとまる

言語化力を高め、人に話を聞いてもらうための伝え方としてお勧めなのが、**「6文にまとめて1分で伝える」という方法**です。

なぜ「1分」なのかというと、**気が短い人でも負担なく聞ける長さであり、うまくまとめれば十分な情報量を入れられる**からです。

一方で、1分間で簡潔に説明できる人はそう多くはいません。そのため、普段から1分間で話をまとめるクセをつけておくと、聞き手に「話を簡潔にまとめるのがうまい人」という好印象を与えられます。

次に、なぜ「6文」なのかというと、日本語の会話の場合、1文（1つのメッセージ）を話すのにかかる時間は平均10秒程度だからです。つまり、**普段から6文で話すことを意識していると、話が1分程度でまとめられるようになる**のです。なお、アナウンサーの放送原稿の場合、1分間に入る文字数は300~350文字程度とされています。

「どんな説明のしかたがいいのかな?」と悩むような場面でも、普段から「6文でまとめる」という意識を持っていると、型に当てはめて考えるだけでいいため、迷わずにすみます。また、6つの文にまとめる訓練は、言語化力を高める方法としても効果的です。

なぜ、「6つの文」の型で簡潔にまとまるのか?

なぜ「6文」なのか?

1分間に入る文字数＝300～350文字

アナウンサーやナレーターが原稿を読む速度は、1分間に 300 ～ 350 文字程度になっています。内容的にリズムやスピード感を重視したいという場合は、もう少し早めの速度を意識してもよいでしょう

1文を話すのにかかる時間≒平均10秒

ニュース番組のアナウンスは、「1センテンス1情報」が基本とされています。こうした短い発言で簡潔に伝えることを「サウンドバイト」といい、企業の広報や政治の世界でも効果的に活用されています

つまり、1分で話をまとめる⇒6つの文で構成する

「6 文で構成する」ことで、話は自然と1分程度の長さにまとまります。話を短くまとめるためには、余計な言葉は使わない（70 ページ参照）ことや、不要な情報を切り捨てる(66 ページ参照）ことを意識しましょう

相手にとっての「ニュース」から話す

「6つの文で1分にまとめる」ためには、まずは全体の要点を見つけましょう。**要点とは、聞き手がもっともニュース（有用な情報）と感じる点や、話し手がもっとも強調したい点**などです。

大切なのは話の導入で、相手の「なぜ？」という疑問への答えから話しはじめることです。

聞き手のほとんどは、説明の最初に「なぜ、この話を聞く必要があるのか？」と考えます。この**「なぜ？」の部分を説明することで、聞き手はあなたの話に興味を持ち、「もっと聞きたい」と思う**からです。また、相手の関心を引きつけるには、**「驚き・発見・意外性」のある情報を提供する**ことも大切です。

必要不可欠な情報だけを短くまとめる

説明の内容に説得力を持たせるためには、印象や感情だけでなく、事実を伝えるようにしましょう。**しっかりと事実を伝えることで、その情報はニュースとしての価値を持ち、聞き手は「共有すべき情報」であることを理解します。**

このとき、相手がほかの人に伝えやすいように、必要不可欠な情報だけを短くまとめることが大切です。そのためには、要点の理解に必要な「5W2H」（36ページ参照）などの具体例を明確に提示しましょう。

そして最後に、聞き手に「何をしてほしいのか」を具体的に伝えます。聞き手は「なんとかして」「うまくやって」といったあいまいな表現では動いてくれません。相手に「何をしてほしいのか」を具体的に伝え、反応（アクション）を促すことで、「成果につながる説明」ができるのです。

左ページの「1分でお薦め」する場合の例文は、あくまでも一例です。説明する内容ごとに工夫して、さまざまなパターンを試してみましょう。

「導入→中身→締め」を6文でまとめるポイント

たとえば「お薦めの商品」を説明する場合、こんな流れで伝えます

導入（相手の興味を引く）――1文で

▶意外性のある話題（提案）で聞き手の興味を引く。

❶お薦めしたいもの

私がお薦めするものは、1987年にGEISHAFILMから発売された使い捨てフィルムカメラ「写ルンどす」です

中身（相手に理解させる）――4文で

▶「5W2H」を意識して短く簡潔に話をまとめ、聞き手に理解させる。

❷具体的にはこんなもの

「写ルンどす」はデジタルカメラが主流となった今も根強いファンがいて、とくに20～30代の人たちに人気です

❸薦めたい理由

フィルムカメラの一番の魅力は、現像したときのレトロな味わいです

❹「でも……」と思う人へのひと言

フィルムは不便と感じる人もいるかもしれませんが、枚数に限りがあり、現像に出す手間もかかる分、撮影した1枚1枚への思い入れが増します

❺体験するための情報（場所、価格など）

コンビニで買うこともでき、値段は25枚撮りで約2500円と、通常のカメラを買うより安価で楽しめます

締め（相手の行動を促す）――1文で

▶相手に対する具体的な「お願い」で締めてアクションを求める。

❻最後にひと言

SNSで流行っている「昭和レトロ」感を演出するのにも最適で、画像のデジタル化も可能なので、ぜひ、みなさんも試してみてください

事実は「5W2H」を明確にして伝える

「5W2H」を明確にする

事実を正確に伝えるためには、**Who（誰が）**、**What（何を）**、**When（いつ）**、**Where（どこで）**、**Why（なぜ）**、**How（どのように）**、**How much（いくらで）**という「5W2H」の各要素を明確にすることが基本です。

とくに報告書や企画書、プレゼン資料といった情報の正確性が求められる書類や資料を作成するときには、常に「5W2H」を意識する必要があります。この**5W2Hに分類できない情報は、客観情報（事実）ではなく、主観情報（意見、提案、観測、弁解など）である**と考えましょう。

「5W2H」で頭の中をすっきり整理

情報を伝える際、**5W2Hが明確でないと、聞き手にとってわかりづらいばかりでなく、誤解や思い込みを招きやすくなります**。さらに、不足した情報を調べたり、読み解いたりといった相手の負担も増やしてしまいます。

相手に伝える場合だけでなく、自分の頭の中でものごとを整理するときも、5W2Hをまず明確にしていくことで、検討が不十分だった箇所が見えてきます。

会議の席では、議題についての5W2Hをメモして、1つ1つ潰しながら考えるのもお勧めです。

事実は「5W2H」で整理して伝える

先日の案件ですが、再検討
してほしいとのことでした。
金額を上げてもよいですか?

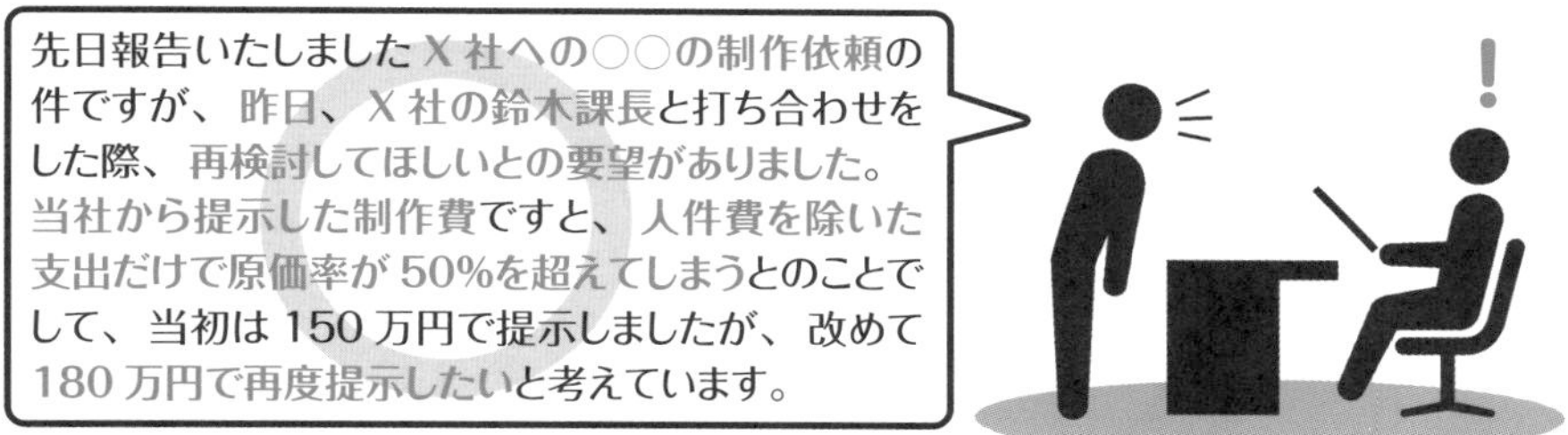
先日報告いたしましたＸ社への○○の制作依頼の件ですが、昨日、Ｘ社の鈴木課長と打ち合わせをした際、再検討してほしいとの要望がありました。当社から提示した制作費ですと、人件費を除いた支出だけで原価率が 50%を超えてしまうとのことでして、当初は 150 万円で提示しましたが、改めて 180 万円で再度提示したいと考えています。

Who(誰が)	➡	X社の鈴木課長
What(何を)	➡	○○の制作依頼
When(いつ)	➡	昨日の15時
Where(どこで)	➡	浅草のX社
Why(なぜ)	➡	制作費の不足
How(どのように)	➡	制作費の再提示
How much(いくらで)	➡	150万円から180万円に増額

聞き手に「５Ｗ２Ｈ」の詳細を
すべて伝える必要はありません。
相手が求める必要な情報に絞り
込んで伝えましょう

「事実→意見→要望」の順番で伝える

「主観情報」だけでは何も伝わらない

聞き手にとってわかりやすい伝え方の基本は、**まず①「客観情報（事実、できごと）」を説明し、次に、②その「客観情報」にもとづいて、あなたの「主観（意見、解釈）」を説明する。**これだけです。

何かを伝えたいとき、まずは自分の意見や感情から話しはじめる人は少なくありません。しかし、**主観や感情にもとづいた話し方では、相手に「何かが起きたらしい」ということしか伝わりません。**

一方、情報を「○○が起きました」という事実と、「だから□□だと思います」といった意見に分けると自分の感情が整理でき、相手も状況を理解してリアクションをしやすくなります。

「客観情報」だけでは理解されない

一方、聞き手は事実（できごと）だけ伝えられても、なぜその話をされたのかが理解できません。事実を伝えるときには、誰しもその情報を通じて何か別のことを伝えようとしているものです。その「伝えたい（お願いしたい）こと」をつけ加えるだけで、聞き手は話が理解しやすくなります。

だからこそ、「事実＋意見」が、メッセージの意図を効果的に伝える基本セットになるのです。

「事実＋意見」を述べたうえで「お願い（要望）」を伝えれば、相手は行動を起こしやすくなります。

相手の理解を得るための伝え方の順番

客観的情報（事実）を伝えるときは、「5W2H」（36ページ参照）の各要素を明確にするのが基本です

①事実
（客観情報）
何が
起こったのか

②意見
（主観情報）
それに対して
どう思っているのか

③要望
どうしてほしいと
考えているのか

客観情報（事実）と主観情報（あなたの意見、要望、弁解など）を分け、どちらも伝えることで、相手の理解とリアクションが得られるのです

言語化の基本メソッド⑤

判断材料となる情報を絞り込んで伝える

聞き手の「判断材料」が何かを考える

大事な情報を見分けるためには、普段の会話の中で「質問」「記録」「報告」の３つを習慣化して、「何が相手の判断材料となる情報なのか」を意識しないといけないのか
質問
事前に何を確認すべきかを聞く
記録
自己完結せずに小まめにメモを取る
報告
報告の機会を増やして、フィードバックを得る

「多すぎる情報」は逆効果

「言語化がへたな人」と聞くと無口な人をイメージしがちですが、現実には饒舌《じょうぜつ》な人がほとんどです。むしろ、**しゃべりすぎるからこそ、聞き手は大事な情報を取りこぼしてしまう**のです。

言語化がへたな人は、「情報量が多ければ多いほど、相手は理解しやすい」と考えがちですが、それは大きな間違いです。

説明時間が長く、資料が多いにもかかわらず、肝心の「大事な情報（要点）」が何なのかがわかりづらいと、聞き手はうんざりしてしまいます。

大事な情報 ＝ 判断の分岐点となる情報

上司との打ち合わせを時間変更する場合の「大事な情報」とは？

時間変更の理由

・取引先の都合 ➡ **了承**
・緊急ではない私的な都合 ➡ **検討**または**却下**

どの程度重要な要件か

・予定していた打ち合わせより重要か緊急 ➡ **了承**
・予定していた打ち合わせより重要でない ➡ **却下**

上司が判断を下す“分岐点”で必要になる情報を伝えましょう

いつに変更するか

・会議の目的に遅れない日程 ➡ **了承**
・会議の目的が達せられない日程 ➡ **却下**

こうした事態を避けるために、まずは**聞き手の「判断材料となる情報」が何かを考える**クセをつける必要があります。

質問やメモの習慣をつける

たとえば、部下が上司に対して「急用ができたので打ち合わせ時間を変更してください」と申し出たとします。その場合、報告を聞いた上司は、その判断材料として、「時間変更の理由」「どの程度重要な要件か」「いつに変更するのか」という3点を確認したいと考えるはずです。

そして、あなたの説明を聞いたうえで、「時間変更も仕方ないな」と納得できる情報こそが、「大事な情報」なのです。

何が「大事な情報」なのかを整理するには、普段からメモを取る（53ページ参照）習慣をつけておくとよいでしょう。

言語化の基本メソッド⑥

小さな提案、質問から話を切り出す

関心事を導入にしてよい反応を得る

関心を持って相手の話を聞く場合と、何も関心を持たずに相手の話を聞く場合とでは、話の受け入れ方や理解度に大きな差が生まれます。

たとえば、いきなり「再生可能エネルギーに関する勉強会があるのですが、参加してみませんか?」と提案された場合、そのテーマに興味がある人や勉強熱心な人は別として、多くの人は「なぜ私が!?」と困惑するはずです。わざわざ時間を割いて行く価値を見いだせないからです。

一方、「再生可能エネルギーに関する最新技術の動向について、ご興味ありますか?」と質問された場合、「知りたい」と肯定的に感じる人は、いきなり勉強会の打診をされた場合よりも多いでしょう。そのうえで「勉強会がある」と言われたら、「参加してみようかな」という気持ちになるのではないでしょうか。**人は最初の質問に対して肯定的な姿勢を見せると、次の誘いを断りにくくなるという心理的傾向がある**からです。

つまり、最初から相手の行動を促すのではなく、まずは相手に負担のない質問で興味を引くことで、その後の展開は大きく変わるのです。また、「相手が知りたいこと」がわかっている場合は、左図のようにその関心をうまく活用することで、自分の提案を受け入れてくれる可能性が高まります。

「相手の関心」にアプローチする問いかけ

株式投資に関心がある人への問いかけの例

株式投資に関するお得な情報があるんだけど、知りたい?

はい。ぜひ知りたいです!

今度、エネルギー関連の大手４社が共同出資して再生可能エネルギー事業をはじめるんだけど……

環境問題に関心がある人への問いかけの例

環境問題に関するニュースがあるんだけど、知りたい?

もちろん知りたいです!

今度、エネルギー関連の大手４社が共同出資して再生可能エネルギー事業をはじめるんだけど……

話の内容は同じでも、「相手が一番知りたいこと」を導入にして話を進めることで、よりよい反応が得られます

言語化の基本メソッド⑦

シンプルな言葉を分解してみる

感覚的な言葉を客観的に分析する

先ほど、言語化とは「相手とイメージを共有すること」と述べました（26ページ参照）。これは、言い換えると**「自分が見ている世界、感じたイメージを、相手にそのままキャッチしてもらう」**ということです。そのための有効な手段の1つが、**「シンプルな言葉を分解する」**という方法です。

たとえば、何かを食べて感じた「おいしい」というイメージを、食べていない人にもわかるように伝える場合、「おいしかったです」と言うだけでは伝達力に欠けます。「なぜ、おいしいと感じたのか」「どのように、おいしかったのか」といったことを言語化する能力がなければ、聞き手の多くが「私も食べてみたい」とは思わないでしょう。

イメージの伝達には、直感や感情から出た単純なひと言だけではなく、「麺にコシがある」「出汁《だし》がきいている」といった、**第三者にもイメージし得る表現で伝える能力**が求められるのです。ワインのテイスティングなどは、その最たるものといえるでしょう。

例にあげた「おいしい」に限らず、感覚的に思い浮かんだシンプルな言葉を、**「何が？」「なぜ？」「どのように？」「ほかの表現で言うと？」などと客観的に分析することを常に心がける**ことで、言語化力は確実に鍛えられていきます。

映画を観た感想「おもしろかった」を分解する

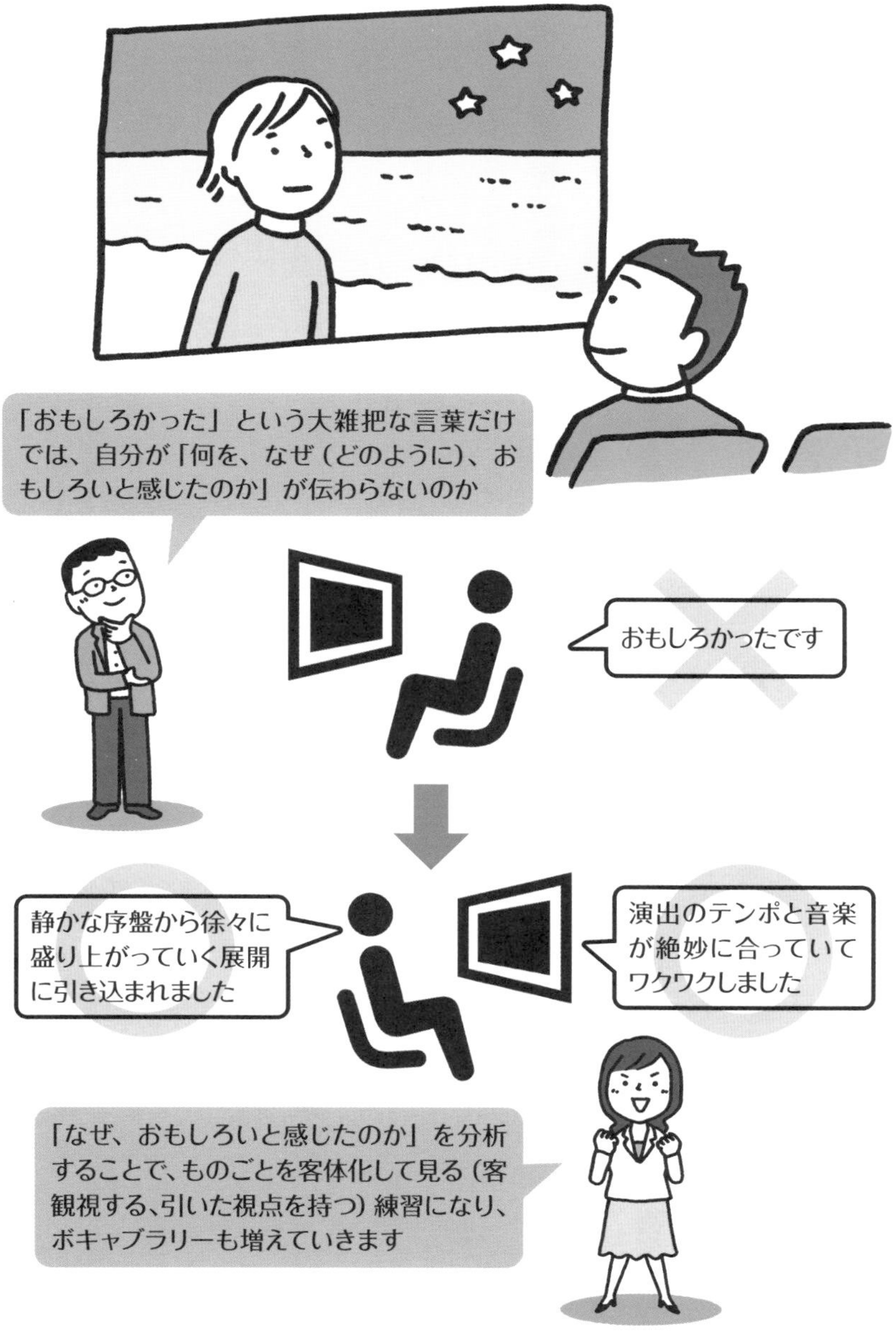
「おもしろかった」という大雑把な言葉だけでは、自分が「何を、なぜ（どのように）、おもしろいと感じたのか」が伝わらないのか
おもしろかったです
静かな序盤から徐々に盛り上がっていく展開に引き込まれました
演出のテンポと音楽が絶妙に合っていてワクワクしました
「なぜ、おもしろいと感じたのか」を分析することで、ものごとを客体化して見る（客観視する、引いた視点を持つ）練習になり、ボキャブラリーも増えていきます

言語化の基本メソッド⑧

相手との「想定問答集」を作成する

質問への回答を準備しておく

言語化力を高めるためには、「相手にどのような言葉で伝えるか」とは別に、伝えたあとに「相手がどんな反応をするか」を予想しておくことも大切です。**事前に何パターンかの相手の反応を予測しておけば、最善から最悪のケースまで、あわてずに落ち着いて対話することができます**。

また、相手から聞かれそうな質問に対する答えが準備できていれば、相手の信頼感も増すでしょう。

とくに、上司や部下、お得意先など普段からやりとりの多い相手であれば、反応のクセもある程度予想しやすいため、対応も取りやすいといえます。

頭の中の「思い」を箇条書きで整理

言語化が苦手な人は、相手と自分の関係性や距離感が見えておらず、ＴＰＯにそぐわない表現や言葉を用いがちです。これを克服するには、事前の準備がとても重要です。

頭の中にある「思い」を伝わりやすい状態に整理するためには、**まずは伝えたいことを箇条書きにして、相手にお願いしたい内容を「ひと言」に凝縮しましょう**。そのひと言が、はじめに伝えるべき話の全体像（要点）です。そのひと言のあとに箇条書きした内容を話していけば、言いたいことを順序立てて伝えることができるでしょう。

「想定問答集（Q&A）」を作成する手順

相手の反応がわからず不安な場合は、企業の広報担当者などが取材対応の際などに活用している「想定問答集」を作成しておくとよいでしょう

「想定問答集」作成の手順

①想定される質問を集める

相手から聞かれそうな質問を集める

②質問をテーマごとに分ける

集めた質問をテーマごとに分けて整理する

③Q＆Aを埋めていく

質問項目に優先順位をつけ、重要なものから回答を作成していく

上司や同僚に協力してもらい、実際の質疑応答をシミュレーションしておくとより効果的なんだって

言語化の基本メソッド⑨

すべてを理解してもらおうとしない

「相手の理解」より「相手の興味」が重要

相手の賛同を得るためには、理詰めでしっかり理解してもらう必要があると考える人は多いです。

しかし、実は「相手の理解」はさほど重要ではありません。なぜなら、**仕事を進めるうえで大切なのは「相手に内容を理解してもらう」ことではなく、「相手のリアクションを得る」こと**だからです。

多くの場合、人はすべてを理解してから判断するのではなく、知り得た情報内で感覚的に決めています。ということは、相手に理解してもらう前に、まず話に興味をまず持ってもらうことのほうが先決です。話の中に意外な発見があると、聞き手は「もっと続きを知りたい」と思い、最後まで聞いてくれます。そして**「聞き手から質問をさせる」ことで、相手は話を「聞かされている」という受動的な状態から、「聞いている」という能動的な状態になる**のです。

人は「なんだかわからないけど、すごいかもしれない」「ひょっとして大化けするかもしれない」といった話に一番強く引かれるものです。

相手のリアクションを得るためには、むしろすべてを理解してもらうのではなく、想像する余地をある程度残したほうが、期待感があおられて関心も長続きするでしょう。

相手のリアクションを促す情報の伝え方

①情報を絞り込む

▶情報を「必要不可欠なこと」と「あると望ましいこと」に分け、伝えたい情報を絞り込む

必要不可欠な情報	あると望ましい情報
相手に協力してもらうための情報	相手に共感してもらうための情報

「あると望ましい情報」は、聞き手のキャパシティや時間にゆとりがあるときだけ伝えるようにしましょう

②期待感をプラスする

▶リアクションを起こしたときのメリットを積極的に伝え、相手の期待をふくらませて自分のペースに引き込む

相手から質問させる	「何かおもしろそう」と思わせる
質問をさせて相手のペースで話を進めることで、「もっと聞きたい」と思わせる	まずは興味を引いて相手のイメージをふくらませ、考えてもらう

相手に「自分の決断が、大きな第一歩となるかもしれない」と思わせ、能動的な心理状態にすることで、こちらのペースに引き込めるんだって

Training

あなたの「言語化力」を高める！5つの簡単トレーニング

「道案内」「食レポ」「悩み相談」など……

言語化力を高めるためには、普段から「相手に伝わる話し方」を心がけて、「どんな言葉を使うか」「どんな順番で話すか」といったことを意識することが大切です。

ここでは、一人で実践できる簡単なトレーニング法を紹介します。語学をマスターするのと同じように、言語化力もアウトプットすることがレベルアップの近道。まず、あなたが「これならできそう」と感じたものからはじめましょう。

①ある場所を「道案内」してみる

「道案内の基本」は説明の基本

①道のりの全体像を伝える

Point
いきなり現在地からの道順を教えるのではなく、まずは目的地までの全体像（距離や方角、所要時間など）を伝える

②距離や方向などを具体的に伝える

Point
土地勘のある人にとっては当たり前に感じる情報でも、相手の立場に立って具体的かつ正確に伝える

③途中にある目印を伝える

Point
「信号」「交差点」といった特徴の少ない情報だけでなく、目立つ特徴のある建物や店、公園などの目印となる情報を説明に盛り込む

◆「理解のズレ」を意識する

最近は、道を聞かれたらスマホやパソコンで地図のURLを送るという人が多いと思いますが、実は、電話などで行う口頭での道案内は、言語化力を鍛える絶好のトレーニングになります。道案内とは、その場所をわかっている自分が、わかっていない相手に説明することです。

つまり、**自分と相手の知識やイメージに差があるため、「相手が何をわかっていないか」を正確に把握しなくてはなりません。**そのうえで、**相手にわかりやすいよう具体的に説明する能力が求められるため、**言語化力の訓練に最適なのです。

②おいしさを「食レポ」してみる

◆「食レポ」にも型がある

1人でできるトレーニングの筆頭は、「食レポ」です（ただし、1人でするよりも、人に聞いてもらったほうがより効果的です）。

食レポを得意とする芸能人の伝え方を観察してみると、いくつかの型やテクニックがあることがわかります。**「説明をともなう食レポ」の代表的な例は、「比喩型」「決め言葉（まとめ・言い換え）型」「うんちく型」**の3つ。

まずは職場の仲間とのランチタイムに、それぞれの型を応用した食レポをしてみましょう。

「食レポ名人」の伝え方例

決め言葉型
ま◯う〜
比喩型
◯◯の宝石箱や〜
うんちく型
なんと糖度が20%以上!
これら「食レポ名人」たちの型を参考にしてオリジナルの言いまわしを考え、相手においしさが伝わる食レポにトライしてみましょう

③要点を「メモする」習慣をつける

効果的なメモの取り方

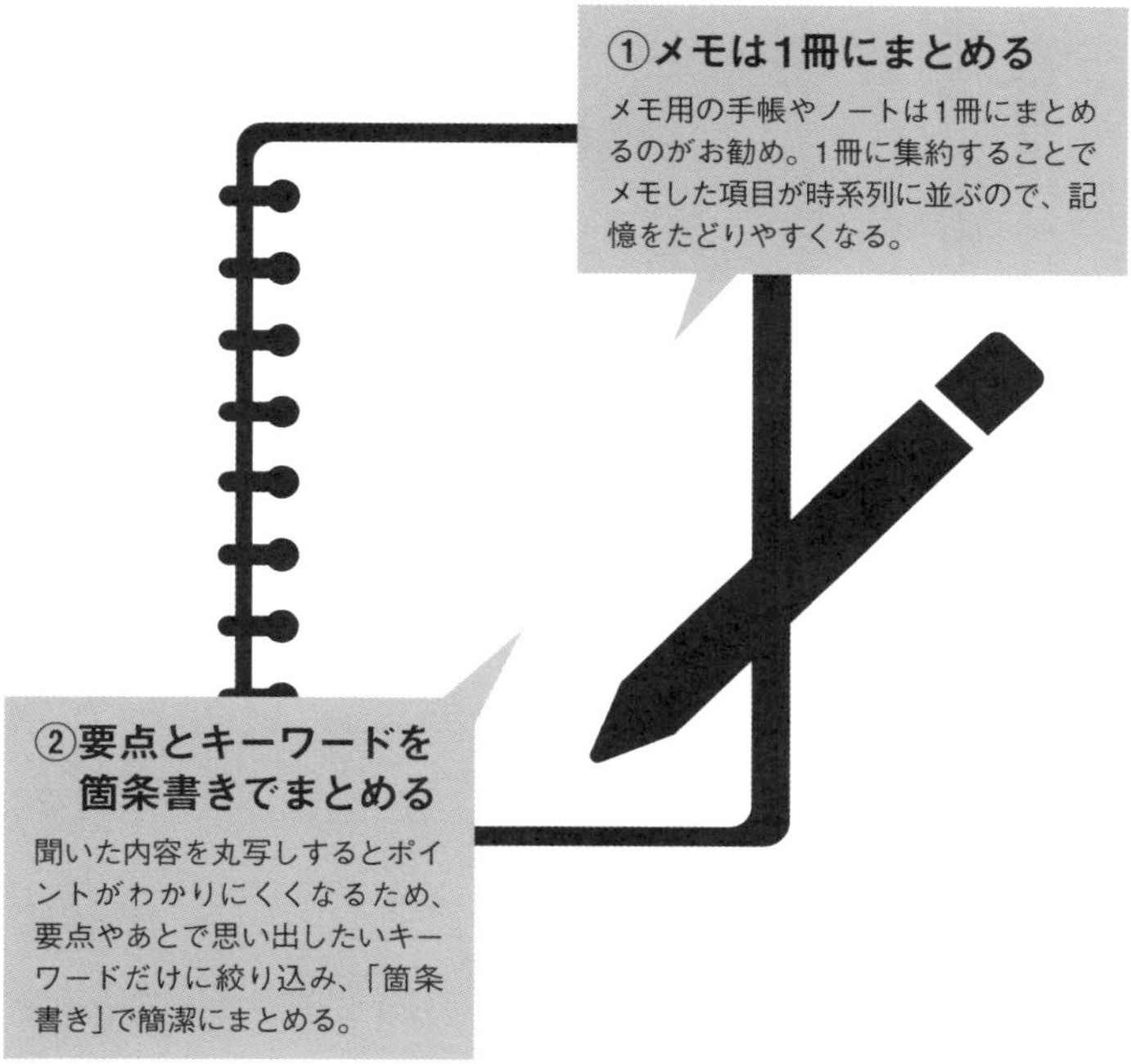
①メモは1冊にまとめる
メモ用の手帳やノートは1冊にまとめるのがお勧め。1冊に集約することでメモした項目が時系列に並ぶので、記憶をたどりやすくなる。
②要点とキーワードを箇条書きでまとめる
聞いた内容を丸写しするとポイントがわかりにくくなるため、要点やあとで思い出したいキーワードだけに絞り込み、「箇条書き」で簡潔にまとめる。

◆メモが言語化力と記憶力を磨く

メモは、人から聞いたことを書き留める場合だけでなく、自分の頭の中の情報を整理する際にも役立ちます。

たとえば、何かを説明することを求められたとき、普段から自分の考えをメモにまとめておくと、**質問を受けた際に要点をスムーズに伝えることができるうえ、あらかじめ箇条書きでまとめておくと記憶も定着しやすくなります**。

普段から会議の要点や自分が気になることをメモする習慣をつけておくことで、**思考力と記憶力が磨かれて、言語化力を高める**効果も期待できます。

④いろんな人に「悩み相談」をする

◆感情ではなく事実を伝える

言語化が苦手な人は、自分が置かれた状況を「引いて見る」ことが苦手な場合が多いです。悩み相談は、自分が抱く違和感やストレスなどを相手に正確に伝える必要があるため、自分の意見や状況を客観視して伝える訓練として効果的です。

悩み事を解決するためには、相手に自分の感情ではなく事実（**何があったのか**）**を伝えなくてはなりません**。そのため、相手に状況説明をするときには、**5W2H**（**36ページ参照**）**などの事実をどれだけ提示できるか**が、不可欠なプロセスとなります。

悩みを相談する際のポイント

何が原因で、その悩み事が発生したのか？

なぜ、それが解決できないのか？

なぜ、それが自分にとって大事な問題なのか？

その問題を伝えるには、どんなたとえを使えばわかりやすいか？

どんな順番で話せば、相手にとってわかりやすいか？

悩みを相談するときは、「引いた視点でものごとをとらえて、1つひとつの事実をわかりやすくまとめて伝える」ことを意識しましょう

⑤人を「誘う」、人に「勧める」

「誘う」「勧める」ときの流れ（例）

❶誘う（勧める）ものの要点を紹介する
➡導入として概要や要点を提示

❷「具体的にはこんなもの」と説明する
➡その魅力や詳細の説明

❸「勧めたい理由」を提示する
➡一般的イメージとの違い、自分が感じた驚き、意外性などを強調

❹「でも…」と躊躇する人へのフォロー
➡躊躇する相手に、何をどうすればよいかを伝える

❺行動に必要な情報を伝える
➡場所、値段などを伝える

❻締めのひと言を添える
➡お勧めする理由を要約して伝える

◆「6つの文で1分にまとめる」練習

自分が詳しい趣味や好きなお店に相手を誘ったり、商品やサービスを勧めたりすることも、言語化のトレーニングとして有効です。このトレーニングを行う際は、「6つの文で1分にまとめる」（32ページ参照）ことを意識しましょう。

人を誘う、人に勧める際には、**①内容がわかりやすく伝えられているか、②相手にとって実現可能か、③相手の関心を引く魅力的な情報があるか、④相手が何をどうすればよいかが明確か、⑤相手の懸念や疑問を踏まえているか**、といった点を意識しましょう。

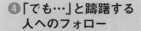

第1章　まとめ

- 「言語化する」＝「相手とイメージを共有する」こと。相手に合わせた伝え方を意識する。
- 説明の最初は全体像（要約）から話しはじめ、客観的な情報を具体的に伝えていく。
- 話を短く簡潔に伝えるには「1分で6つの文」でまとめることを意識する。
- 事実を正確に伝えるためには「5W2H」を明確にする。
- 相手の理解を得るには「事実→意見→要望」の順番で伝えるのが基本。
- すべてを理解してもらおうとせず、まずは「興味を持ってもらう」伝え方が大切。

第2章

説明上手な人がやっている伝え方テクニック

第1章で紹介した「基本メソッド」を意識することで、言語化力は確実にアップします。第2章では、説明上手な人が実践しているさまざまな伝え方テクニックを紹介。言語化力をより磨くコツとして活用してください。

話の内容をすっきり整理するコツ

相手に伝えたい結論を1つに絞る

結論を伝えるために話を組み立てる

人間は、短時間で多くのことを一気に理解することはできません。

たとえば、「納期に間に合わない」「人手が足りないので増やしてほしい」「しばらく新規受注は不可能」などと多くの問題点を一度に並列で伝えようとしても、相手は「何を言いたいのかよくわからない……」と感じてしまいます。

これを避けるためには、**話をする前に伝えたいこと（結論）を1つに絞る**必要があります。

聞き手は、「話し手が伝えたいこと（結論）は何なのか」を理解しようとしながら話を聞きます。

つまり、話し手の「結論」が理解できなければ、話の内容を頭の中で整理できなくなってしまうのです。

そのため、**まずは伝えたいことを1つに絞り、自分なりの結論を明確に伝えるために話を組み立てる**ようにしましょう。

これを意識するだけで、伝わり方はまるで違ってきます。長い説明だとしても、言いたいことを1つひとつ分解し、整理してから、最終的な結論に進んでいけばいいのです。

相手に一番伝えたいことは何なのかを考え、結論を1つに絞ることによって、聞き手は話の「内容」を格段に理解しやすくなります。

「結論を1つに絞る」話し方

NG 結論がよくわからない話し方（例）

部長、人手が足りておらず、このままでは納期に間に合いません。３カ月前のチーム員２名の退職後も業務量が変わっておらず、向こう２カ月は、本日ご指示のあった新規案件も受けられません。

▲訴えたいのが増員なのか、業務量の削減なのか、新規案件の辞退なのかがよくわからない

言いたいこと（結論）を分解する

❶ 人手が足りず納期に間に合わないので、人員を増やしてほしい
❷ 退職した２名分、業務量を減らしてほしい
❸ 向こう２カ月は、新規業務を割り振らないでほしい

分解した結論を整理して、1つに絞る

例A 結論が「人員の補充」の場合

部長、人手が足りておらず、このままでは納期に間に合いません。３カ月前のチーム員２名の退職後も業務量が変わっておらず、向こう２カ月は、本日ご指示のあった新規案件も受けられません。解決策として、人員を増やしていただけませんか？

▲状況を説明したうえで、結論（人員の補充）をお願いする

例B 結論が「業務量の軽減」の場合

部長、人手が足りておらず、このままでは納期に間に合いません。３カ月前のチーム員２名の退職の影響で完全にキャパオーバーです。本日、ご指示のあった新規案件を優先するために、業務量を減らしていただけませんか？

▲状況を説明したうえで、結論（業務量の軽減）をお願いする

話の意図を伝えるコツ

「結果的にどうなるか」を説明する

「用件」だけでなく「意図も」伝える

相手に何かをしてもらいたい場合には、「用件」だけでなく「意図」も伝えることで、やるべきことがより明確にイメージできるようになります。

左ページの例文を読み比べてみてください。同じことを言っているようでいて、①よりも②が、②よりも③のほうが、結果のイメージがはっきりしています。

つまり、**「何をしてほしいのか」だけでなく、「結果的にどうなるのか」を加えて説明したほうが、聞き手に話の意図が伝わりやすい**のです。

たとえば、単に「データの文字入力をお願い」とだけ頼まれた相手は、入力する意図と結果が理解できていません。しかし、「自分が入力したデータが明日の会議で、業界の最新動向の説明資料として使われる」ことを理解できていれば、自分の気づきや知識をデータに反映したり、自発的な提案ができたりするかもしれません。あるいは、作業そのものが学びや成長へとつながる可能性も感じられるでしょう。

「何をしたいのか」という意図（目的）については、話し手と聞き手の間で異なるイメージを抱いてしまうことが少なくありません。そのギャップをなくすためにも、**「要件」だけでなく「意図」も伝えることが大切**なのです。

どんな結果につながるのかを伝える

① 作業の結果がわからない
このデータの文字入力をお願いします
さっさと終わらせて帰ろう…
② 作業の結果がぼんやりイメージできる
明日の会議用なら今日中に入力しないと
このデータの文字入力をお願いします。明日の会議用資料に使うので
③ 作業の結果が明確にイメージできる
このデータの文字入力をお願いします。明日の会議用資料に入れて、業界の最新動向を説明するときに使いたいので
入力した情報が自分の仕事にも活かせるかも！
昨日、取引先で聞いた情報も反映しておこう
要件を伝えるだけでなく、「データ入力作業が、どんな結果につながるのか」という意図を伝えることで、相手は取り組みやすくなり、仕事の質が高まるのです

「話す内容」にタイトルをつける

「何を伝えるか」を見つける方法

言語化が苦手な人は、伝えたいことが漠然としていて、話の要点の解釈を聞き手任せにしている場合が多いです。

相手にわかりやすく伝えるには、聞き手が話の要点を明確に理解できるように伝えなければなりません。

そのためには、**①聞き手に「興味を持ってもらう」には、どんなキーワードが効果的か？　②話のテーマを「ひと言で言い表す」とすれば、どんなタイトルが適当か？**を意識する必要があります。それだけで、あなたの話す内容は見違えてわかりやすくなるはずです。

実際に、説明がうまい人は、話の要点が聞き手に瞬時に伝わる話し方をしているものです。

たとえば、「テーマは何でも構わない」という前提で、準備なしに3分間のスピーチをした場合、「今のスピーチをひと言で表すとすれば？」と聞かれて、話し手と聞き手の答えが一致することはほとんどないでしょう。

ところが、話し手が上にあげた①と②を意識してスピーチをすると、話し手と聞き手の答えが一致する確率は上がります。さらに、①と②をスピーチの冒頭と最後に伝えることで、その確率はより一層アップします。

「ひと言でまとめる」テクニック

まずは次の２つを意識する

②

自分の話のテーマを「ひと言で言い表す」とすれば、どんなタイトルになるか？

①

自分の話の内容を聞き手に「印象づける」には、どんなキーワードが効果的か？

↓

①と②で考えたキーワードやタイトルを話の冒頭と最後に伝える

当社に必要なのはイノベーションだと思います。
（中略）
だから、当社にはイノベーションが必要なのです！

キーワードを１つに絞り、その言葉を軸に話をまとめれば、説明に一本筋が通って要点が伝わりやすくなるのね

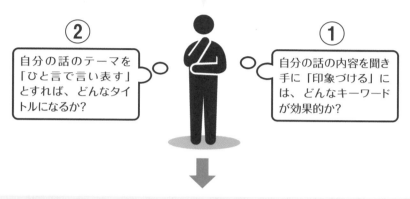

他者を介して結果を出すコツ

「相手にメモしてほしいこと」を伝える

発言は目の前の相手だけが対象ではない

頭の中にあるモヤモヤを相手に伝える際、「メモがしやすいように話す」ことをイメージすると言語化しやすくなります。つまり、**「相手にメモしてほしいこと」を伝える**のです。

この視点を持てるかどうかは、「仕事で結果を出す」うえで大きなポイントになります。

なぜならば、仕事における発言は、多くの場合、目の前の相手だけが対象ではないからです。**あなたの発言を聞いた相手が、さらに第三者に説明するケースも想定しなければなりません。**

仕事を進めるときには、目の前にいる相手だけを納得させればいいわけではなく、その人に社内会議を通してもらう、上司の決裁を得てもらうなど、あなたの発言を聞いた他者を介して、結果を出さなければならないケースも多いからです。

伝えたい内容を箇条書きしやすく話す

発言をする際、聞き手がメモを取ってくれれば、伝えたい内容をより確実に共有できます。そのために必要なのは、相手にとってインパクトのある情報を箇条書きしやすく提供することです。

ポイントとなる固有名詞や数字などのキーワードを意識して用いることで、聞き手はその重要性を認識し、自然とメモを取ろうとするでしょう。

メモを取りやすく話すポイント

相手にメモしてほしいことを伝える際には、発言の中に固有名詞や数字など、箇条書きしやすいフレーズを取り入れると効果的です
新商品の売上が予測を20%下回っています
2カ月以内に売上を1.2倍にします
新規の販売ルートを1年以内に開拓します
人気アニメとコラボした販促キャンペーンを行います
ECコンサルティングへの依頼を検討します

自分の言葉を相手にメモしてもらう際には、箇条書きでメモしやすいよう、話の要点をひと言ずつ短く簡潔に伝えるといいんだって

簡潔でわかりやすい説明のコツ

「いらない情報」を切り捨てる

相手にとって不必要な情報をカットする

話が長い人は、なぜ「説明がへた」なのか……。

その理由は明快です。話が長くなると、「必要な情報」と「不必要な情報」がごちゃ混ぜになり、相手に「何を言いたいのか」が伝わらなくなるからです。しかし、そこにこそ「伝わる話し方」の鉄則が隠されています。

つまり、**相手にとって「不必要な情報」をカットするだけで、説明は格段にスッキリし、伝わりやすくなる**ということです。

「不必要な情報」とは、「聞き手にとって重要度の低い情報」のこと。つまり、聞き手にとってわかりやすい「話の流れ」を考えた場合、後回しにしてもよい情報（背景情報）のことです。

相手が聞きたい情報に焦点を当てる

聞き手にとって簡潔でわかりやすい説明をするためには、重要度の高い情報と低い情報を選別する必要があります。

つまり、**相手が聞きたいと思っている情報に焦点を当て、それ以外の後回しにされる情報（背景情報）はいったん切り捨てる**のです。

そのためには、「自分が思いついた順番」で話すのではなく、**「相手が聞きたい順番」を意識して話す**ことが重要です。

相手が聞きたい順番を意識して話す

長くてわかりづらい説明の例

○月□日、虎ノ門で催された国際家電フェアに参加してきましたので、そのときの様子を報告いたします。このフェアは 20 年前から開催されていて、国内外の業界関係者が多数来場します。今年のテーマは「家電の未来（The future of home appliances)」でした。私は 3 日目に参加したのですが、会場は生活家電、AV 家電、情報家電などのゾーンに分けられ、とくに生活家電のゾーンは、多くの人が出入りしていました。私が注目したのは某芸人がテレビで紹介したことで話題となった A 社の生活家電コーナーです。多くの海外バイヤーの関心を集めていたため、当社の今後の海外市場開拓の参考になると思いました。

話が長いな……

上の説明の「話の流れ」を整理し、「重要度の高い情報」（下線部分）を補足することで、次のようによりわかりやすく、目的に即した説明になります

話の流れを整理した説明の例

○月□日、虎ノ門で催された国際家電フェアに参加してきました。今年のテーマは「未来の家電（future home appliances)」で、そのテーマどおり AI を搭載した生活家電が注目を集めていました。これは今後の当社の製品開発でも参考にしたい傾向です。私が注目したのは A 社の生活家電コーナーです。とくに留守中のペットの餌やりなども行える監視・管理システムと一体化したロボット掃除機が多くの海外バイヤーの関心を集めていました。当社の今後の海外市場開拓のためには、これまでの常識にとらわれない視点や発想にもとづいた企画や開発が肝要と感じました。

なるほど。これからは AI か

Column

伝える裏ワザテクニック

忙しい相手には、短時間で相手に負担をかけずにプレゼンすることで、あなた自身や提案に対する印象もアップします。

エレベーター・ピッチ

30秒で相手の心をつかむ「エレベーター・ピッチ」とは?

エレベーター・ピッチとは、15〜30秒といった「エレベーターに乗っているくらいの短い時間」に、聞き手に自分自身や、ビジネスに関する提案やアイデアを印象づけ、プレゼンする手法のこと。

短時間で相手の興味を引きつけて、「もっと詳しく話を聞きたい」と思わせることが大切です。忙しくてなかなか時間を割いてもらうことができない相手に対しては、左に図示した「1分立ち話」と「ポイントメール」という方法を使って、次のチャンスにつなげましょう。

忙しい相手に短時間で

1分立ち話

あらかじめ用件を1分程度に要約しておき、その場で簡潔に伝えきる。このとき、その場でムリに話をまとめようとしないのがポイント。相手から出た質問やリクエストは、次回の宿題にする。

＋

ポイントメール

「1分立ち話」のあと、聞き手に用件のポイントを整理したメールを送る。ポイントメールにより、相手に検討させる時間を与え、さまざまな状況を加味したうえで結論を出してもらう。

「1分立ち話」と「ポイントメール」を組み合わせることで、短時間で相手に要点が伝わり、しっかり考えて結論を出してもらえるから、ビジネスの効率がアップするんだって!

誤解されずに伝えるコツ

話の中にある「余計な言葉」を減らす

話すときには「ノイズ」を減らす

聞き手に「簡潔な説明」と思ってもらうには、どのような言葉を選ぶのかも重要です。そのためのもっとも簡単な方法は、話の中に散らばっている「ノイズ」を減らすことです。

この「ノイズ」にはいくつかの種類があります。1つめは「余計な言葉」です。よく、話の途中で「ちなみに」「余談ですが」などと知っている関連情報を次々と加えていく人がいますが、これらの言葉はなくても内容が通じます。つまり、**不要な「ノイズ」なので、使用を避けることで説明時間が短縮でき、印象もすっきりします**。

言葉選びで信頼を失うことも……

2つめは「信頼を落とす言葉」です。「かなり」「意外に」「まあ」「一応」「ざっくり」といった**感覚的であいまいな言葉は、「それまでの言葉が厳密に選択されたものではないのでは?」と、相手を不安にさせてしまいます**。そのため、説明の際には極力使わないように意識しましょう（86ページ参照）。

3つめは、「誤解を招く言葉」です。「役不足」「煮詰まる」といった慣用表現は、誤った使い方や解釈をしている人が多く、どの意味なのか不明瞭なため、職場での使用は避けたほうがよいでしょう。

話の中に散らばる「ノイズ」を減らすポイント

①「余計な言葉」は使わない

蛇足かも
しれませんが
あくまでも個人の
見解ですが
ちなみに
補足ですが
余談ですが

②「信頼を落とす言葉」は使わない

いい感じに
そこそこ
おそらく
だいたい
ある程度
一応
それなりに
多分
かなり
意外に
まあ

③「誤解を招く言葉」は使わない

〈例〉

- **役不足**… 誤 役目が重すぎること ➡ 正 役目が軽すぎること
- **煮詰まる**… 誤 行き詰まって結論が出ないこと ➡ 正 結論が出る段階になること
- **気の置けない**… 誤 気をつかわなければならない ➡ 正 気をつかう必要がない
- **失笑**… 誤 あざ笑うこと ➡ 正 思わず笑ってしまうこと
- **檄を飛ばす**… 誤 激励する ➡ 正 自分の考えや主張を広く人に知らせて同意を求める
- **潮時**… 誤 ものごとの終わり ➡ 正 ちょうどいい時期

質問を予想し、答えを用意しておく

相手の反応を予想するクセをつける

上司に何かを報告する際には、あらかじめ聞かれそうなことを想定し、答えを準備しておきましょう。

質問の答えを用意するということは、いわば「聞き手の関心を予想すること」です。この視点を持てば、相手を意識したわかりやすい話し方ができるようになります。また、質問を想定しておくと、情報が整理されて報告ポイントがわかりやすくなるというメリットもあります。

上司の質問を想定するときには、次のポイントを意識しましょう。

①上司の質問傾向を事前に分析しておく
②同僚を相手にリハーサルをしてみる
③相手から聞かれそうなこと以上の答えを準備しておく
④話の内容の弱点や課題をあらかじめ提示する

事前に答えを用意しておけば進行がスムーズになり、時間の短縮につながります。また、前もって準備をしておけばあわてずに対応できるため、相手の反応を見ながら必要な情報を臨機応変に組み込むこともできます。

日頃から聞き手が何に関心を持っているのかを予想するクセをつけておくことで、相手に合わせたわかりやすい説明ができるようになります。

相手からの質問を想定するポイント

① 上司の質問傾向を事前に分析しておく

過去の会議で、上司から聞かれて答えられなかったことをリスト化しておく

② 同僚を相手にリハーサルをしてみる

同僚を相手にリハーサルをし、あいまいな点や不明点を尋ねてメモする

③ 相手から聞かれそうなこと以上の答えを準備しておく

あらゆる質問を想定することで、話の要点が把握できるようになる

④ 話の内容の弱点や課題をあらかじめ提示する

マイナスの情報は質問を待つより先に提示したほうが、相手の心証がよくなる

たとえ想定外の質問をされても、この４点がフォローできていればあわてずに対応できます

相手と対立する意見や提案を通すコツ

問いかけの形で解決策を提示する

解決策は論理的な考えの中から生まれる

自分の思いを相手に伝えたいときに、単に「赤字事業からは撤退すべきです」などと言いたいことを述べるだけでは、無責任に聞こえるばかりか、傲慢な印象を与えてしまいます。

こうした言い方が**無責任、傲慢に聞こえる理由は、解決策を提示していないから**です。仕事を前に進めるためには、何かしらの解決策に結びつけないと意味がありませんし、問題の解決にもつながりません。

そして、解決策は論理的な考えの中から生まれます。つまり、**論理的な理由がなければ、解決すべき問題すら伝わらない**ということです。

先ほどの「無責任に聞こえる言い方」を、相手が受け入れやすいように言い換えると、「この事業は、原価率が高すぎると思いませんか?」といった問いかけ調の言い方になります。

原価率という論理的な理由を提示したうえで、「この事業は構造から見直したほうがいい」ことを暗示するのです。そのほうが、言葉自体が柔らかく感じられ、一方的な否定でもないため、相手も受け入れやすくなります。

このように、**否定的な提案をするときや自分の意見を通したいときは、「問いかけの形での論理的なひと言」を意識しましょう。**

意見を通すための話し方

×

言いたいことを言うだけはNG
（一方的に相手を否定する）

赤字事業からすぐさ
ま撤退すべきです!

△

否定的な意見は、論理的な
解決策とセットで提案する

コスト超過を解決でき
ないのなら撤退も検討
すべきだと思います

○

否定ではなく問いかけの形で
論理的な解決策を提示する

この事業は、原
価率が高すぎると
思いませんか?

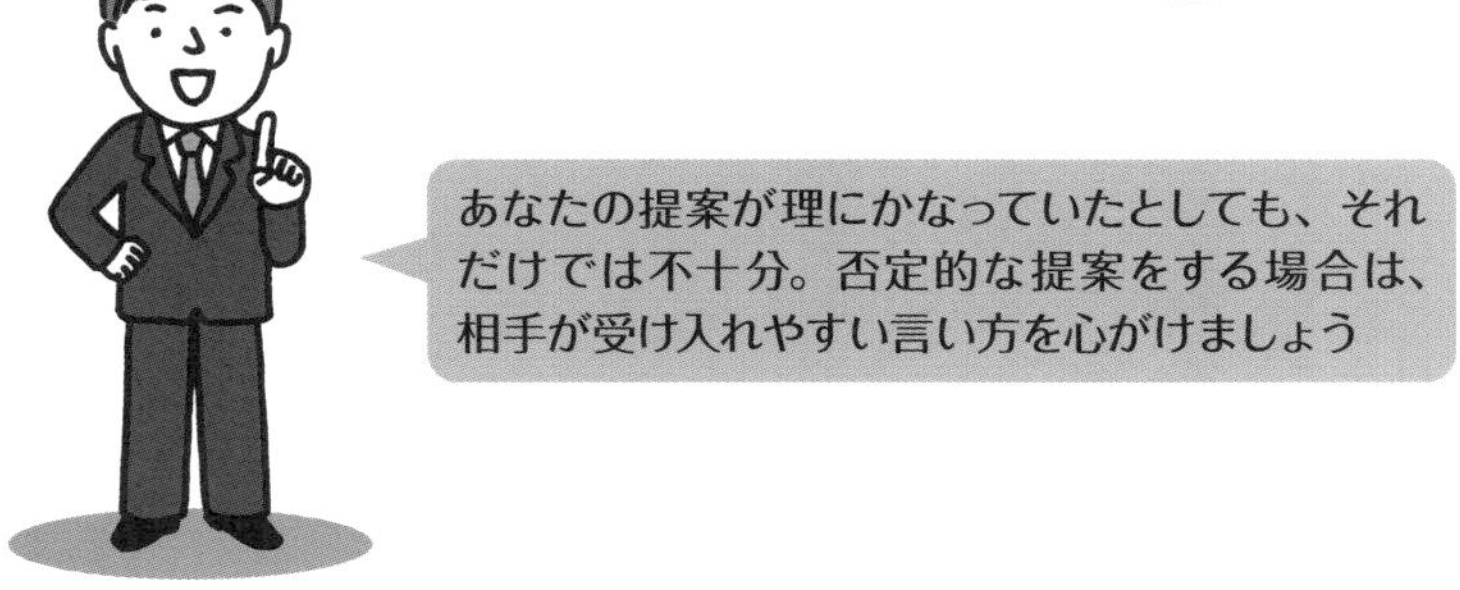
あなたの提案が理にかなっていたとしても、それ
だけでは不十分。否定的な提案をする場合は、
相手が受け入れやすい言い方を心がけましょう

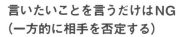

マイナスの状況をプラスに変えるコツ

「仮説」を立てて、相手に問いかける

感情的な発言は百害あって一利なし

仕事をしていると、熱心に取り組んできたプロジェクトが突然中止になったり、手間暇掛けて完成させた仕事が不成績に終わったりすることは珍しくありません。

そんなとき、「なぜですか⁉」「納得できません！」などと、つい感情的な言い方をしてしまいがちです。しかし、感情的な発言は何も生み出さないばかりか、相手の反感を買うリスクも高まります。

そんな「マイナスの状況」を「プラスの状況」に変える裏技があります。それは、**「仮説」を立てて冷静に問いかける**という方法です。

立てた仮説は間違っていても構わない

たとえば、上司から「会社の方針で、この事業計画は中止となった」と言われたら、「予算が出なくなったということですか？」などと仮説を立てた問いかけをするのです。そうすれば、一緒に解決策を考えるなど、前向きで協力的な「プラスの状況」をつくり出すことができます。

「仮説を立てるのは難しいのでは？」と思う人もいるかもしれませんが、**仮説が正しいかどうかを気にする必要はありません。たとえ間違っていたとしても、仮説を提示することで冷静な話し合いにつながる**からです。

「感情」ではなく「仮説」で冷静に問いかける

NG マイナスの状況で「感情的」な言い方をしてしまう…

上層部の決定で、このプロジェクトは打ち切りとなった

マイナスのひと言 ➡ 納得できません！

……

Good マイナスの状況には「仮説」で問いかける！

上層部の決定で、このプロジェクトは打ち切りとなった

仮説のひと言 ➡ 問題はコスト面ですか？

いや、コスト面は問題なかったんだが、競合他社が先行して進める類似のプロジェクトに対する巻き返しに追加予算をかけることは難しいと判断されて撤退することになったんだ。ただ、このプロジェクトで得たデータや知見は次のプロジェクトでも活かせるから、前向きにとらえよう！

このように、もし「仮説」が間違っていたとしても上司と部下の間に心理的な壁は生じません。むしろ心理的距離が近づいて「プラスの状況」をもたらすでしょう

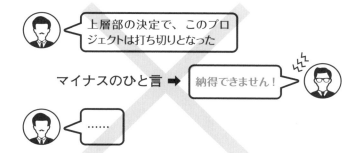

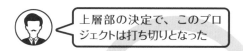

「アウトプット型」の伝え方を心がける

次の行動を促す発言を意識する

仕事での発言には「インプット型」と「アウトプット型」の2種類があります。

インプット型は、「どんな状況ですか？」「何をすればいいですか？」といった情報収集のための受動的な発言。一方、アウトプット型は、「次はこれをやっておきましょうか？」といった自分や相手の次の行動を促す提案型の積極的な発言です。

基本的には、**仕事ができる人ほど、アウトプット型の発言を使いこなす**ことに長《た》けています。

たとえば、上司への報告で「先日起きたトラブルの改善策をまとめました。ご確認をお願いします」と言うだけでは、指示待ちの受身の姿勢しか示せません。一方、「先日起きたトラブルの改善策をまとめました。チーム内で共有しておきましょうか？」と発言した場合、**次の行動に対する指示を引き出す積極的な発言**ととらえられます。

このようにアウトプット型の発言を意識することで、上司などチームを統括する立場の人と同じような広い視野や高い視点で仕事をとらえられるようになり、おのずと仕事のスキルアップも図れます。言い換えれば、「上司の視点で仕事ができるようになる」ので、結果として上司の負担を減らすことになり、上司からの評価もグンと上がっていくでしょう。

「インプット型の発言」と「アウトプット型の発言」

インプット型の発言（例）
急に「何をすれば」と言われても…
指示いただいていた企画書をまとめました。次は何をすればよいでしょうか?
インプット型の発言

アウトプット型の発言（例）
業務全体を見ながら自分がすべきことを考えていて信頼できる!
ありがとう!助かるよ
指示いただいていた企画書をまとめました。次はこの企画の提案先をリストアップしましょうか?
アウトプット型の発言

アウトプット型の発言には、「まわりの意識を高めてミスを未然に防ぐ」「仕事の目的を明確化する」といったプラスの効果があります

結論をスピーディーに導き出すコツ

選択肢を限定して答えを引き出す

相手が「自分で選んだ」という気持ちに

仕事を円滑に進めるには、相手が求めていることを簡潔に伝える必要がありますが、それとは別に、**選択肢を限定して相手の答えを引き出す「クローズド・クエスチョン」**という手法もあります。

クローズド・クエスチョンの場合、聞き手は「賛成か？　反対か？」「AかBか」といった選択肢から選ぶだけなので回答が楽になります。

この手法は、提案や営業の際にも活用できます。説明を聞いた相手が「どうすればよいのか」を、話の終わりに選択肢として提示するのです。

とはいえ、話し手側にとっては、説得力のある選択肢をあらかじめ用意する必要があるため、負担が大きくなるでしょう。しかし、選択肢を用意することで、余計な説明や判断の時間を省略できるので、仕事の生産性はグンとアップします。

選択肢を提示するだけでなく、**用意した選択肢それぞれのメリットとデメリットを簡単に説明すると、さらに効果的**です。なぜなら、相手は「どのメリットを取り、どのデメリットに目をつぶるか」を「自分で選んだ（判断した）」という気持ちになり、「選ばされた」というネガティブな感覚が減るから。**相手に選択肢を提示し、それぞれのメリットとデメリットをひと言加える**だけで、結論がスピーディーに導き出されるのです。

「クローズド・クエスチョン」とは？

相手に自由な回答を求める質問を「オープン・クエスチョン」といい、それに対して、相手に限定した選択肢を提示して答えてもらうことを「クローズド・クエスチョン」といいます
オープン・クエスチョン
ご意見をお聞かせください
クローズド・クエスチョン
AとB、どちらがいいですか？

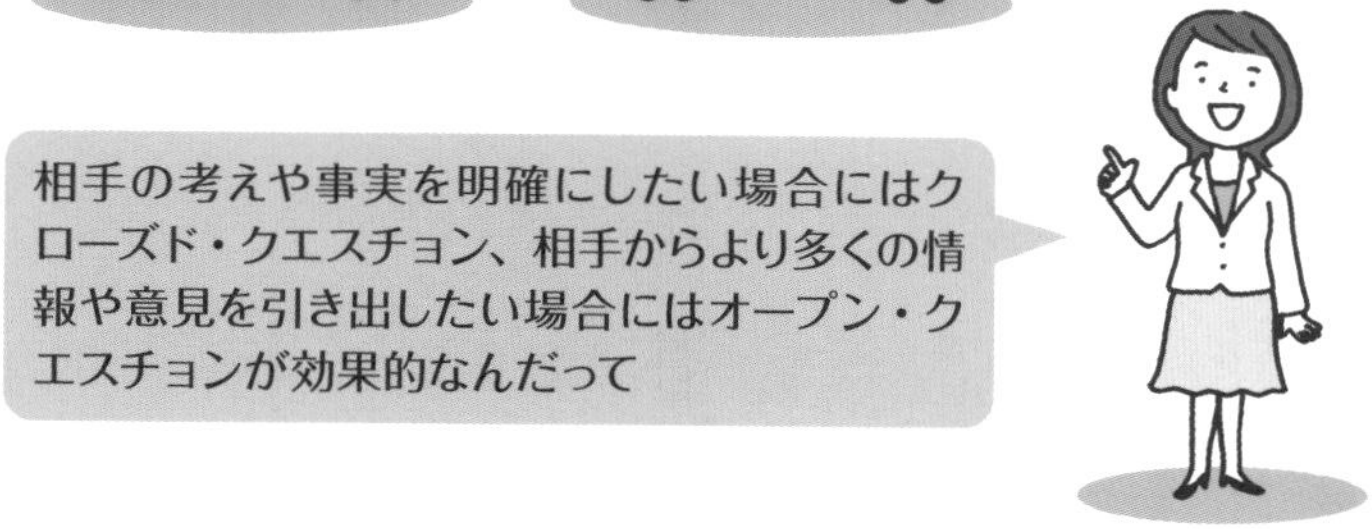
相手の考えや事実を明確にしたい場合にはクローズド・クエスチョン、相手からより多くの情報や意見を引き出したい場合にはオープン・クエスチョンが効果的なんだって

「クローズド・クエスチョン」のコツ

中華とイタリアン、どちらがいいですか？ 中華だと10分ほど歩きますが、最近評判の店があります。イタリアンだとチェーン店ですが、このビルの中に店舗があります
じゃあ、評判の中華で！
こんなふうに相手に選択肢を提示して、それぞれのメリットとデメリットを加えればいいのか

意見が通る確率を上げるコツ

「理由＋第三者の意見」で納得させる

人は「主観的な意見」では動かない

人に何かを伝えたいとき、自分の「意見」ばかり主張していても、聞き手は納得してくれません。**相手が「Yes」か「No」かの判断をするためには、「意見」だけでなく、その意見を裏づける「理由」も求められる**からです。

聞き手は、話の中に「なぜ、そうしてもらいたいのか」という理由があれば納得して動きやすくなります。また、しっかりと理由のある意見であれば、聞き手は「自分が求めている情報をきちんと話せて、論理的なコミュニケーションができる人」と判断し、結果的に信頼も得られるでしょう。

第三者の意見を効果的に取り入れる

聞き手を納得させるためには、自分の意見を伝えるだけでなく、「第三者の意見を取り入れる」という方法も効果的です。仕事では、**自分の主観的な意見よりも、第三者の客観的な意見のほうが説得力を持つ**ことが多いからです。

もちろん、自分の意見は必要です。でも、その根拠として第三者の意見を示せないと、自分の主観的な主張だと思われがちです。だからこそ、はじめに第三者の意見を述べ、そのうえで自分の意見を主張ではなく提案としてつけ加えることで、あなたの意見が通る確率はグンと上がります。

「理由」と「第三者の意見」で説得力アップ

「理由」と「意見」をセットで伝える

理由があると

それ、確かにおもしろそうだね!
SNS のビジネス活用研修を希望します。先日の会議で広報部の活用事例を聞き、企画開発部ならではの発信も効果的と考えたからです

理由がないと…

何で?
SNS のビジネス活用研修を希望します

「第三者の意見」を取り入れる

第三者の意見があると

販売店の意見か。説得力があるな
販売店の人たちに聞いてみたのですが、消費者にとっては値段が高い印象とのことでした。低価格化も検討するべきではないでしょうか

第三者の意見がないと…

その根拠は?
値段が高いと思います。もっと低価格化するべきではないでしょうか

Column

議を仕切る3つのコツ

①当たり前の話はしない

定番の質問は避け、「いつもと違うな」という印象を与えることで、相手の興味を引く。

自分の思いどおりに会議を取りしきるには、相手があなたの話を聞こうと思うような切り出し方が重要になります。まずは相手が知らない事実やデータから話しはじめると主導権が握れます

この人の仕切りなら
安心して任せられるな
なるほど！ その視点を
導入すれば、コスト面の
課題もクリアできるかも

自分の思いどおりに会

②簡潔に、ストレートに伝える

話は「短く」「濃く」を心がける。ダラダラと長い話は聞き手にとって苦痛でしかない。

③相手が知らない情報を伝える

常識にとらわれず、聞き手が「それ、本当なの!?」と驚くような情報を探す。

予定より早く終わりそう♪お昼は何を食べようかな…
そんな情報があったとは。もう少し視野を広げて考えてみよう
会議を主導するためには、議題に関係する書籍や資料をチェックするなど綿密な下準備が必要なのか！ そうした地道な作業が、相手に伝わり、賛同を得るシナリオづくりの第一歩になるのね

具体的なイメージを共有するコツ

数字と固有名詞を用いて伝える

数字と固有名詞は共通理解に欠かせない

数字と固有名詞は、話し手と聞き手の「共通の理解」のためには欠かせない情報です。たとえば、「大人気スイーツ」の商品説明をする場合、ただ単に「ヒットしている」とだけ表現しても、聞き手はどのくらい売れているのか、どのようなスイーツなのかを把握することができません。

一方、数字や固有名詞を入れて「1日に5000個以上売れるスイーツ」「神戸で抜群の人気と知名度を誇る名物スイーツ」などと説明すると、聞き手はより具体的に商品の魅力をイメージできるでしょう。

不正確な数字はトラブルのもと……

数字や固有名詞を用いるということは、より詳細に説明するということです。それにより話し手と聞き手はより明確にイメージを共有することができますが、だからこそ、正確さや厳密さが求められます。

とくに数字は、あいまいなデータだと混乱やトラブルを招くため、わからないときは使わないほうがいいでしょう。「2日以内にお届けします」「成約率は55％です」などと説明したあとで、それが実現できなかったり、間違ったりしていた場合、あなたの信頼が損なわれてしまいます。

「数字」と「固有名詞」で具体的に伝える

数字で具体的に表す

▶数字がないとイメージしづらい…

わが社は今年、大幅な売上アップが見込まれます

▶数字があるとイメージしやすい！

わが社の売上は、前期の20億円に対し、今期は25億円に達する見込み。つまり、前年度比125％です

固有名詞を用いる

▶固有名詞がないとイメージしづらい…

とある一流企業の創業者によると…

▶固有名詞を用いるとイメージしやすい！

ソニー創業者の盛田昭夫氏によると…

数字や固有名詞などの重要なキーワードは、ホワイトボードに書き出すなどして視覚的に示すとより効果的なんだって

自分の存在感を印象づけるコツ

「新しい情報」を意識的に盛り込む

説明の時間は相手にとって拘束時間

話し手にとっての説明の時間は、聞き手にとっては拘束時間です。話し手は、その見返りとして、できる限り有益な情報を聞き手に提供しなければなりません。

そのため、日頃から聞き手がどんなテーマに興味を持ち、どんな情報を知りたがっているのかを把握しておき、その分野のリサーチと情報収集を行いましょう。説明が苦手な人でも、魅力的なニュースを上手に活用できれば、聞き手は興味を持ってくれます。**聞き手にとって「新しい情報」が、話し手の存在感を印象づける**のです。

相手の関心事をリサーチしておく

そもそもニュースは、マスコミが発信しているトレンドだけではありません。**専門の分野や業界の中では当たり前のことでも、聞き手が知らない事実や興味のある情報であれば、それは「魅力的なニュース」**と見なされます。

内容は、テレビや全国紙などで報じられているものよりも、業界紙や専門誌などのマイナーでニッチな情報源から掘り出したほうが、相手に新鮮さを印象づけられます。**聞き手が興味を持つ情報を得るためには、普段から相手の関心事、専門分野などをリサーチしておくとよい**でしょう。

聞き手を引きつけるニュースとは?

聞き手を引きつける情報の例

- 最新の流行や意外性のあるニュース
- 専門分野の知識やノウハウ
- 聞き手の問題解決につながる情報
- 聞き手が知らない事実

話題の中に相手が知らないであろう「新しい情報」を加えれば、「この人とつき合ってみたい」と思わせることも可能なのね！

ニュース性を強調する3つのフレーズ

新しい情報がないときは、表現のひと工夫でニュース性を強調することも意識しましょう

①はじめて

映像配信サービスはたくさんありますが、○○社のコンテンツの独占配信は業界でもはじめてです

②異例の

このスペックの商品を、ここまで低価格で販売するのは異例のことです

③もっとも多く

これは20代男性にもっとも多く読まれているネット配信ニュースサイトです

「話が噛み合わない」を解消するコツ

話を要約するひと言「つ・よ・い・ひ・ま」

「要約するひと言」で軌道修正する

打ち合わせや会議において、「話が噛み合わない」ことはよくあります。しかし、「話が噛み合わない」ということは、話の焦点にズレが生じているということであり、そのまま進めるのは危険です。なぜなら、話が進むにつれてズレが増幅し、大きなトラブルを生む原因となるからです。

そういうときは、あえて次の5つの言葉を発して、会話に区切りをつけましょう。

①つ…つまり／②よ…要するに／③い…言い換えると／④ひ…ひと言で言うと／⑤ま…まとめると

それぞれの頭の一文字を取って「強い暇（つ・よ・い・ひ・ま）」と覚えるとよいでしょう。

これら5つの言葉に共通しているのは、「話を要約するひと言」であること。**話が噛み合わず、焦点にズレが生じたときには、「要約するひと言」をはさんで、話の焦点を確認する**のです。さらに、この「要約するひと言」を言ったあとに、左ページの例のように「念を押すひと言」をつけ加えると、要約の効果がよりアップします。

要約のコツは、「そもそも何のための話し合いなのか？」「どういう目的が達成されればいいのか？」という話の基本に立ち返って考えてみること。「本当に大事なこと」を再度ハッキリとさせ、相手と共有することが重要です。

「要約するひと言」と「念を押すひと言」

話を要約する「強い暇」の使用例

（つ）……つまり	（例）つまり、コストカットが最優先課題ということですね
（よ）……要するに	（例）要するに、現状の予算で仕上げるのは難しいということですか
（い）……言い換えると	（例）言い換えると、弊社が請け負っている業務の一部を他社に振り分けるということですか
（ひ）……ひと言で言うと	（例）ひと言で言うと、代案が必要ということですよね
（ま）……まとめると	（例）まとめると、来週までにＡ案をブラッシュアップするということでよろしいでしょうか

「念を押すひと言」をつけ加えると効果アップ

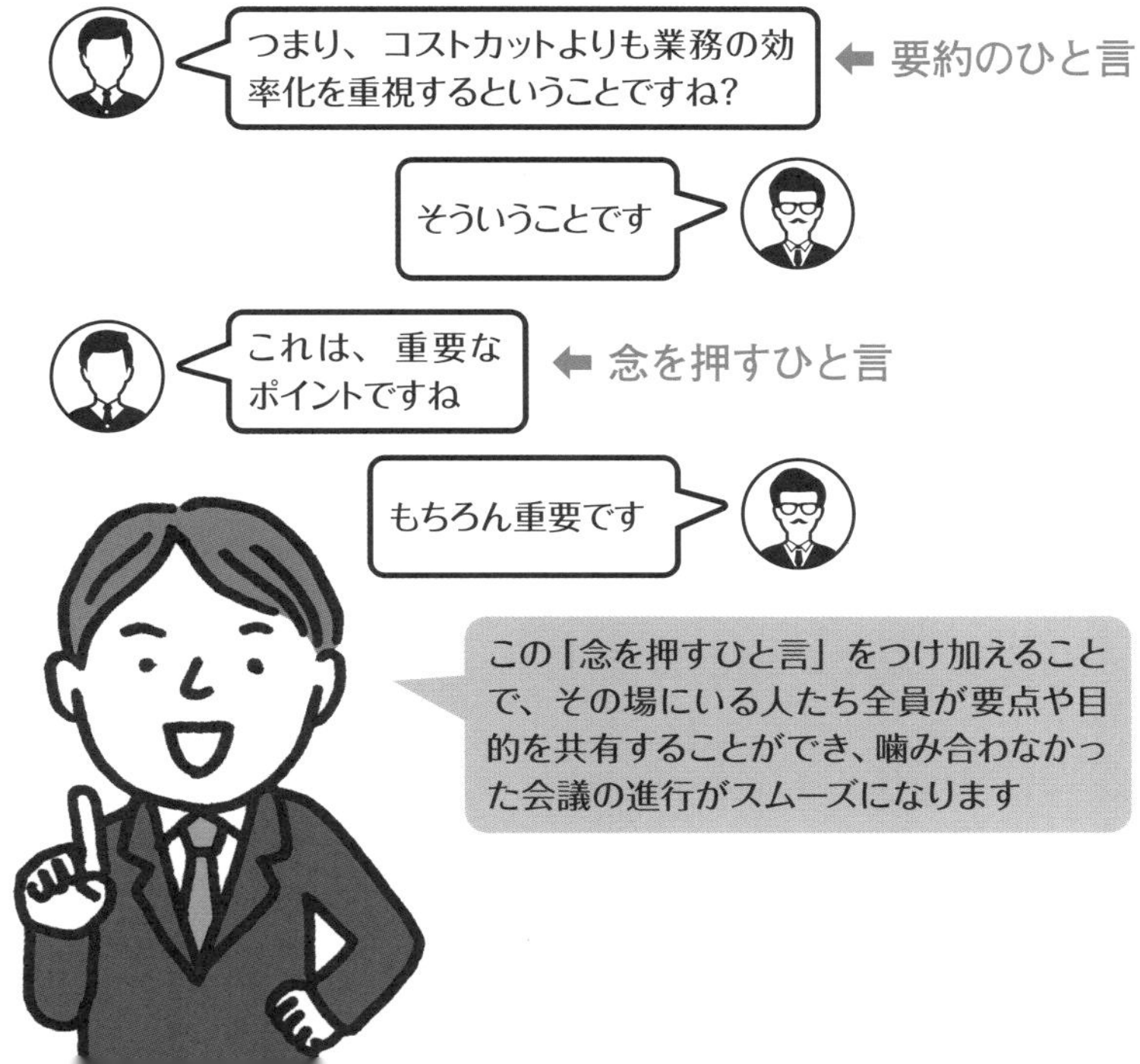
つまり、コストカットよりも業務の効率化を重視するということですね？
要約のひと言
そういうことです
これは、重要なポイントですね
念を押すひと言
もちろん重要です
この「念を押すひと言」をつけ加えることで、その場にいる人たち全員が要点や目的を共有することができ、噛み合わなかった会議の進行がスムーズになります

相手の理解度に応じて伝えるコツ

複雑な用件は全体と細部に分けて説明する

「ステップ」の区切り方

① ステップの区切り方は、相手との関係性によって変える

初対面で信頼関係が薄い相手の場合
今日はまず「1」をご説明します
信頼関係が築けている相手の場合
今日は「1 ～ 3」まで説明いたします

全体と細部の2つの視点で見る

内容が込み入った話は、ステップに分けて説明しましょう。

人の思考は、一定の段階にまで達しないと次のステップへ進めません。「ここまではOK」「ここもOK」と順番に判《はん》子《こ》を押すように進むので、説明もそれに合わせる必要があるのです。

説明をステップ化することは、ものごとを「全体像」と「細部」の2つの視点で見ることにつながります。「ここまでを理解してもらえないと、それ以降がわ

②確認事項などを事前に知らせておく
確認事項など説明の背景となる情報は、メールであらかじめ知らせておけばステップの一部を省略できるのか
事前に相手が興味を持ちそうな情報を知らせておこう
③内容に応じて話す場所を変える
その場でOKを得られそうになければ、日を改めて別の場所でアプローチするという方法も！
加賀部長、ナイスショット！ところで…

かってもらえない」という視点で、話を区切って説明するのです。

相手に応じて進行速度を変える

ステップの区切り方は、相手との関係性次第で変える必要があります。聞き手が話し手を信頼していれば一気に進められることもありますし、初対面の相手であれば、なかなか次のステップに進めないケースも多いでしょう。

また、頻繁に会うことができる上司と、なかなか会えない取引先では、お互いの信頼度が異なるためステップの区切り方も変わります。なお、ステップ化する際は、「今日は絶対にここまで話す」などとかっちりしたシナリオにせず、**相手の理解度に応じて進行速度を変える柔軟な対応が大切**です。

とを柔軟に考えるコツ

柔軟に思考するための「2つの視点」

自分の意見を通したいときには、あえて「違う視点」を持って、相手が見えていないところを探すと効果的です。たとえば、次の「2つの視点」を意識して、柔軟に思考してみるのです

もしも自分がエコノミストだったら?
まったく何も知らなかった場合、どの部分がわからなかったり、見えなかったりするのだろう?
もしも自分が男性だったら?
もしも自分が上司だったら?

❷専門家の視点

相手よりも自分のほうが詳しい分野（立場）における専門家としての視点を意識する

❶素人の視点

「まったく予備知識を持たない人がどう思うか」という視点から考えてみる

視点を変えて、ものご

視野を広げるために「3つの目」を持つ

社員研修などではよく、ものごとをあらゆる視点から見るために「3つの目」を持つことが推奨されています。「違う視点」を意識してものごとを多角的にとらえると、新しい発見や解決策などが見えてくるでしょう

❶鳥の目

高い位置から全体を俯瞰して見通す、経営者的な視点

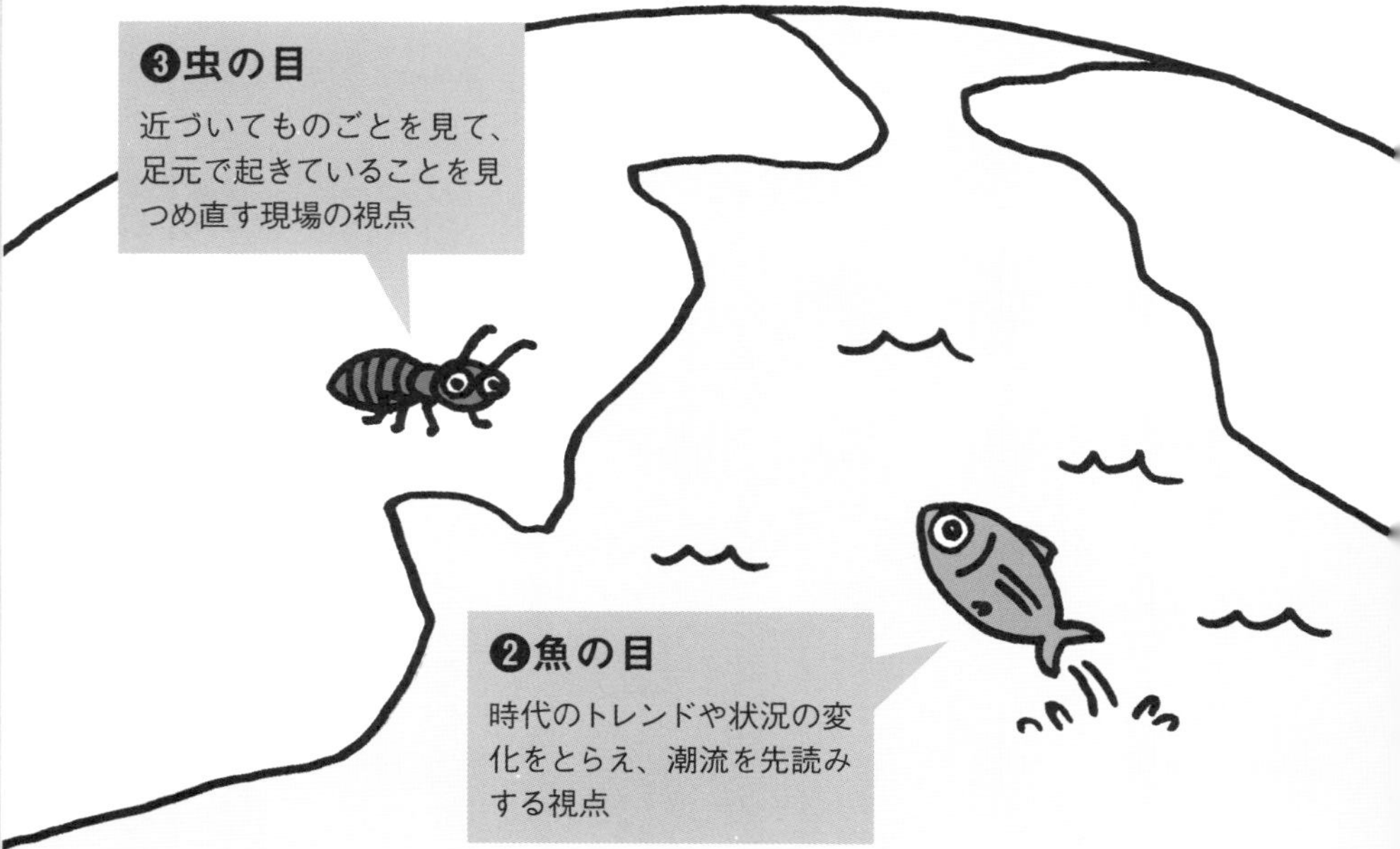

❸虫の目

近づいてものごとを見て、足元で起きていることを見つめ直す現場の視点

❷魚の目

時代のトレンドや状況の変化をとらえ、潮流を先読みする視点

聞き手の信頼感を高めるコツ

相手が期待する役割を理解する

自分に何ができるのかを明確にする

自分の意見や提案を通すためには、聞き手がその必要性を理解し、納得してもらうことがもっとも重要です。そのためには、聞き手のことをよく知る必要があります。

相手がどういった状況にあり、何を求めているのかをしっかりと把握したうえで、それに沿った内容を提案することが求められるのです。

つまり、上司や部下、クライアントといった聞き手に対して**「自分に何ができて、どのような役割を担えるのか」を明確にする**ことで信頼が得られ、次につながる道が開けるのです。

自分のバックグラウンドを見直す

「自分に何ができるのか」を聞き手に伝えるためには、まずは自分のバックグラウンドを見直しましょう。

次に、その仕事において自分が担うべき役割を把握して、その責任を自覚する必要があります。もし、自分に期待されていることがはっきりしなければ、聞き手との日常会話の中で探りを入れ、自分が負うべき役割を見つけ出しましょう。

相手から求められる「自分の役割」をしっかり理解することで、あなたの発言は説得力を増し、聞き手からの信頼感も高まるのです。

自分が求められている役割を知る方法

求められている役割がわからない場合は、自分のキャリアの「棚卸し」をしましょう

①自分の得意分野を見直す

まずは「なぜ自分が担当することになったのか」を考える

あの仕事の経験が活かせそうだ

②担当分野に責任を持つ

自分がプロジェクトの「どの部分を担うのか」をしっかりと認識する

流通網の構築に関しては自分が一番貢献できる!

③聞き手に探りを入れる

相手のニーズが不明瞭でも、会話の中で「どんな役割が求められているか」に気づかされることも

EC サイトにもっと力を入れてもいいのでは?

どんなにすばらしいアイデアがあっても、独りよがりでは信頼は得られません。「相手のニーズ」を最優先に考えましょう

相手から情報を引き出すコツ
選択肢を問う質問で情報収集する

プラスアルファの情報を得るひと言

最適なコミュニケーションを行うためには、言語化力だけでなく、情報収集力も求められます。そして情報収集がうまい人は、例外なく「目的にかなった言葉選び」をしています。

相手からより多くの情報を引き出すためのテクニックの1つに、**質問の際に「ほかの選択肢」がないかをさらに聞く**という方法があります。

たとえば、「この商品の問題点はコストが高いことですね」と指摘されて、「なるほど」としか答えられないと、1つの情報しか得られません。

しかし、「なるほど。ほかにもお気づきの点はありますか？」という質問をつけ加えることで、「そういえば、ユーザーが高齢者層に偏っている点も問題かもしれません」などと、プラスアルファの情報が得られるのです。

選択肢を問う質問で信頼関係を築く

指摘されたことをそのまま受け入れて終わりにするのではなく、ほかの選択肢を問うひと言を加えるだけで、会話の自然な流れから新しい情報を得ることができます。**相手から情報を引き出すことは、仕事の成果を上げるテクニックとして有効なだけでなく、コミュニケーションの幅を広げ、相手と信頼関係を築くことにもつながる**のです。

「ほかの選択肢」を聞いて情報を引き出す

広告の出稿媒体について検討する場合（例）

読者ターゲットが高齢者層なので
新聞広告が効果的だと思います

「ほかの選択肢」を問う質問をつけ加える → なるほど。ほかにも選択肢はありますか？

最近はスマホで情報収集する高齢者も多いのでネット広告もお勧めです

選択肢を問う質問で得た「プラスアルファの情報」は、先方が何となく感じている主観的な意見の場合もあります。つまり、「ほかの選択肢」を聞くことで、その人の「本音」も聞くことができるのです
もちろん、「ほかの選択肢」がない場合もあるので、「ほかの選択肢が出てきたらラッキー!」というくらいの気持ちで質問したほうがいいんだって

相手に説得力を感じさせるコツ

実体験を自分の言葉で話す

会話で使われる3種類の言葉
①自分の体験にもとづいた言葉
私の経験上、間違いありません
②体験した人から聞いた言葉
○○さんからそう聞いています
③一般的に言われていること
こうするのがセオリーですよね
この３つの会話に優劣はないけど、やっぱり「自分の体験にもとづいた言葉」には重みを感じるよね

実体験が持つ説得力

「百聞は一見に如かず」ということわざは、経験の重要性を説いたものです。このことわざが示すとおり、人は誰しも「人から聞いた話」よりも、「話し手自身が実際に体験した話」に説得力を感じるものです。

とはいえ、客観的なデータなしに、個人の経験にもとづく話だけを伝えても聞き手には信用されません。

つまり、相手の心に届く言葉を生み出すには、実体験だけでなく、主観性と客

実体験を話すことのメリット

①自信を持って話せる
自分が体験したことなので、確信を持って話せる
②具体的に話せる
体験して得た実感や事実を深く、広く伝えられる
③説得力がある
自分が体験したことなので、相手は否定できない

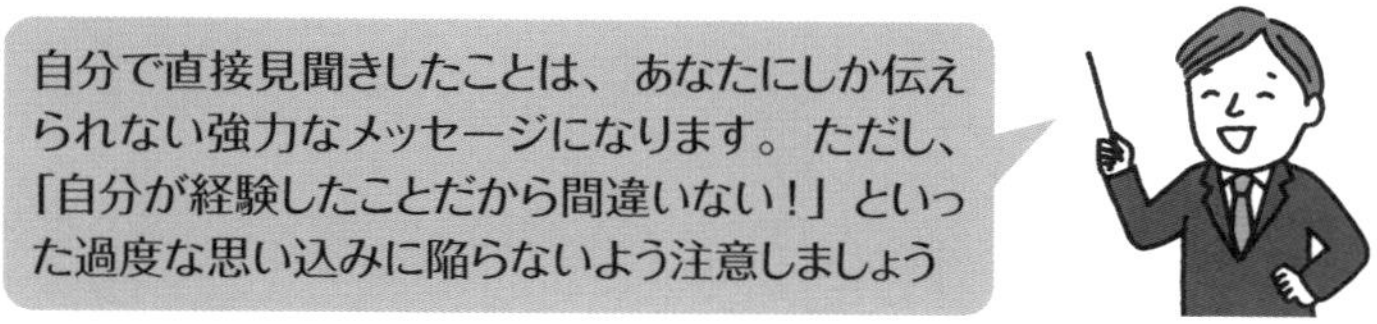
自分で直接見聞きしたことは、あなたにしか伝えられない強力なメッセージになります。ただし、「自分が経験したことだから間違いない！」といった過度な思い込みに陥らないよう注意しましょう

観性のほどよいバランスが大切なのです

「生の言葉」が持つ価値

体験者の「生の言葉」には重要な価値があり、表現のテクニックなどでは太刀打ちできない説得力を持つことがあります。しかも、重要な決断を迫られたときほど、聞き手はそうした情報を重視する傾向にあります。

客観的な事実やデータを相手に伝えるだけではなく、さまざまなことを現場で体験し、「自分が体験した事実」や「自分で仮説を立てて、行動して調べた情報」を積み重ねることで、あなたの言葉の説得力は格段に増していくでしょう。

実体験から生まれた感想や考察は、ときに統計データなどの客観的な数字よりも説得力を持つのです。

想定外の質問に答えるコツ

ムリに結論から話しはじめない

重要な情報から話しはじめる

わかりやすい説明の基本は、まずは「結論から話す」ことです。

しかし、あまり情報を持っていないことについて「想定外の質問」をされた場合、すぐに結論を導き出すのは難しいものです。そんなときは、ムリに「結論」から話しはじめる必要はありません。

では、どうすればいいのかというと、まずは**自分が持っている情報のうち、「重要だと思われるポイント」から話しはじめる**のです。つまり、自分が知っていること（具体例）を説明しながら、質問の答えを考え、見つけていくのです。

3つのステップで答えを導き出す

たとえば、ある会議で相手から「最近の若い人たちは、どのようにSNSを使っているの？」と質問されたとします。あなたがそれほど情報を持っていない場合には、次の3ステップで話を進めましょう。

①自分の中で結論はまだ出ていないことを伝える
②自分が把握している具体例をあげる
③その具体例の共通点を考え、答えを見つける

このステップで話を進めることで、想定外の質問に対しても、自分が知っている情報を元に相手にわかりやすく答えることができます。

想定外の質問に答える3ステップ

▼たとえば、こんな想定外の質問の場合

最近の若い人たちは、どのようにSNSを使っているの？

①自分の中で結論はまだ出ていないことを伝える

勉強不足でひと言でお答えするのは難しいのですが…

②自分が把握している具体例をあげる

複数のアカウントを持ち、使い分けている人も多いです

若者はXやInstagramを検索ツールとしても活用しています

③その具体例の共通点を考え、答えを見つける

SNSの選択肢が増える一方で、ユーザーは用途に応じて使い分けているようです

ただし、自分がまったく知らないことを聞かれた場合には、正直に知らないことを伝え、必要であれば次回までに調べたうえで回答しましょう！

相手にスムーズに伝えるコツ

逆接の接続語を使うのは控える

ネガティブな感情になるので要注意

会話の中で「でも」や「けど」といった逆接の接続語を多用する人で、説明がうまい人はまずいません。

謙遜にしろ、言い訳にしろ、**頭の中で「でも」や「けど」といった逆接の意味を持つ言葉を唱えていると、いつの間にか考え方までネガティブになる**ので注意したほうがいいでしょう。言い方のクセは、すなわち〝考え方のクセ〟です。

ネガティブな感情や謙遜、言い訳の気持ちを捨てれば、ほとんどの事柄は「だから」や「そのため」といった順接の接続語でつなぐことができます。

逆接の接続語が効果的な場合もある

ただし、**逆接の接続語は、予想外のできごとを説明するときや、あえて意志を強く伝えるときには効果的**です。

たとえば、「私は筋肉の増強のためにはプロテインの摂取が有効と考えています。最近は飲みやすいものもいろいろ出ています。でも、あえて鶏ささみを食べることをお勧めします。鶏ささみを噛むことで脳の満腹中枢が刺激され、食欲を抑えてムダな間食を抑制する効果があるからです」といったように、「でも」を使うことでよりポジティブな印象になる場合には逆接が有効です。

「逆接」の接続語の使用は控える

現在、資料を整理しています。でも、データを集めるのに少し時間がかかりそうです
でも…
「でも」ってどういうこと?

現在、資料を整理しています。そのため、データを集めるのに少し時間がかかりそうです
なるほど。状況はわかった

このように、同じ内容を話していても「逆接」の接続語を使うと聞き手にネガティブな印象を与えてしまいます

相手に話を聞いてもらうコツ

信頼性を演出する3つの話し方

信頼性がないと話を聞いてもらえない

信頼性のない人は、話を聞いてもらえません。また、話し手に信頼性がないと、話した情報も嘘っぽく思われてしまいます。

信頼性を演出し、「この人の言うことは聞く価値がある」という印象を与えるには、次の3つの話し方を意識しましょう。

①感情を抑えて話す

人には、相手からぶつけられた感情には同じ感情で返そうとする心理傾向（返報性ルール）があります。**相手にぶつけた怒りやイライラなどの感情は、あなたに返ってくる**と心得ましょう。

②語尾をはっきりさせる

日本語は文末で肯定文か否定文かがわかります。それが聞こえないと聞き手はストレスを感じ、聞く気がなくなってしまいます。また、**語尾があいまいだと自信がなさそうに見られる**ため、説得力もなくなってしまいます。

③数値は正確に伝える

86ページでも解説したとおり、説得力を持たせるうえで数字は極めて重要です。また、単位や桁といった数値の細部を間違えたり省略したりすると、聞き手にいい加減な印象を与えてしまいます。**数字を用いる場合は厳密なデータを提示し、なるべく出典も明らかに**しましょう。

信頼性を演出するための3つの基本

①感情を抑えて話す

この人とは
これ以上話しても
ムダだ…
あなたの意見は
完全に間違っています!

②語尾をはっきりさせる

私の意見で
いいの? 悪いの?
どっち ??
私としては
佐藤様のご意見が…

③数値は正確に伝える

1 千万と 2 千万じゃ
全然違うだろ!
費用は
1 千万か 2 千万
くらいらしいです

仕事で発言するときは
この「3 つの基本」を
常に意識しておきましょう

第２章　まとめ

- 「余計な言葉」「信頼を落とす言葉」「誤解を招く言葉」の使用は控える。
- より多くの人と情報を共有するためには、聞き手がメモをしやすいように話す。
- 意見に説得力を持たせるには「理由＋第三者の意見」で伝えると効果的。
- 具体的なイメージを共有するためには「数字と固有名詞」を用いて伝える。
- 「新しい情報」が聞き手の興味を引きつけ、話し手の存在感を印象づける。
- 「感情を抑えて話す」「語尾をはっきりさせる」「数値は正確に伝える」の3つが信頼性を高める話し方の基本。

第3章

こんなときどうするの?

「言語化」以前の伝え方 Q＆A

上司、部下、同僚、取引先、初対面の相手——第3章では、さまざまなシチュエーションでの「困った」に対応するためのコツを紹介。巻末では、伝わる「ビジネスメールの基本ルール」も紹介。

Q01 上司を怒らせない返答のコツとは？

怒られたときの返し方
見積りの計算が間違っているじゃないか
次からは必ずダブルチェックするようにします。申し訳ございませんでした
怒られたときは、「どう行動を変えるのか」を約束するひと言を伝えて、まずは相手を安心させることが大切なんだって

A どう行動を変えるかを約束する

仕事をしていると、上司を怒らせてしまうこともあるでしょう。そんなとき、ひたすら謝罪だけを繰り返すのはNGです。

なぜなら、**相手はあなたに「謝ってほしい」わけではなく、あなたに「同じミスを繰り返さないようにしてほしい」**からです。

もし上司に怒られたら、ひたすら謝罪を繰り返すのではなく、まずは相手が言っていることをきちんと理解していることを示し、**今後どのように行動を変えるかを**しっかりと伝えましょう。

Q02 意見を求められたとき、わかりやすく説明するには？

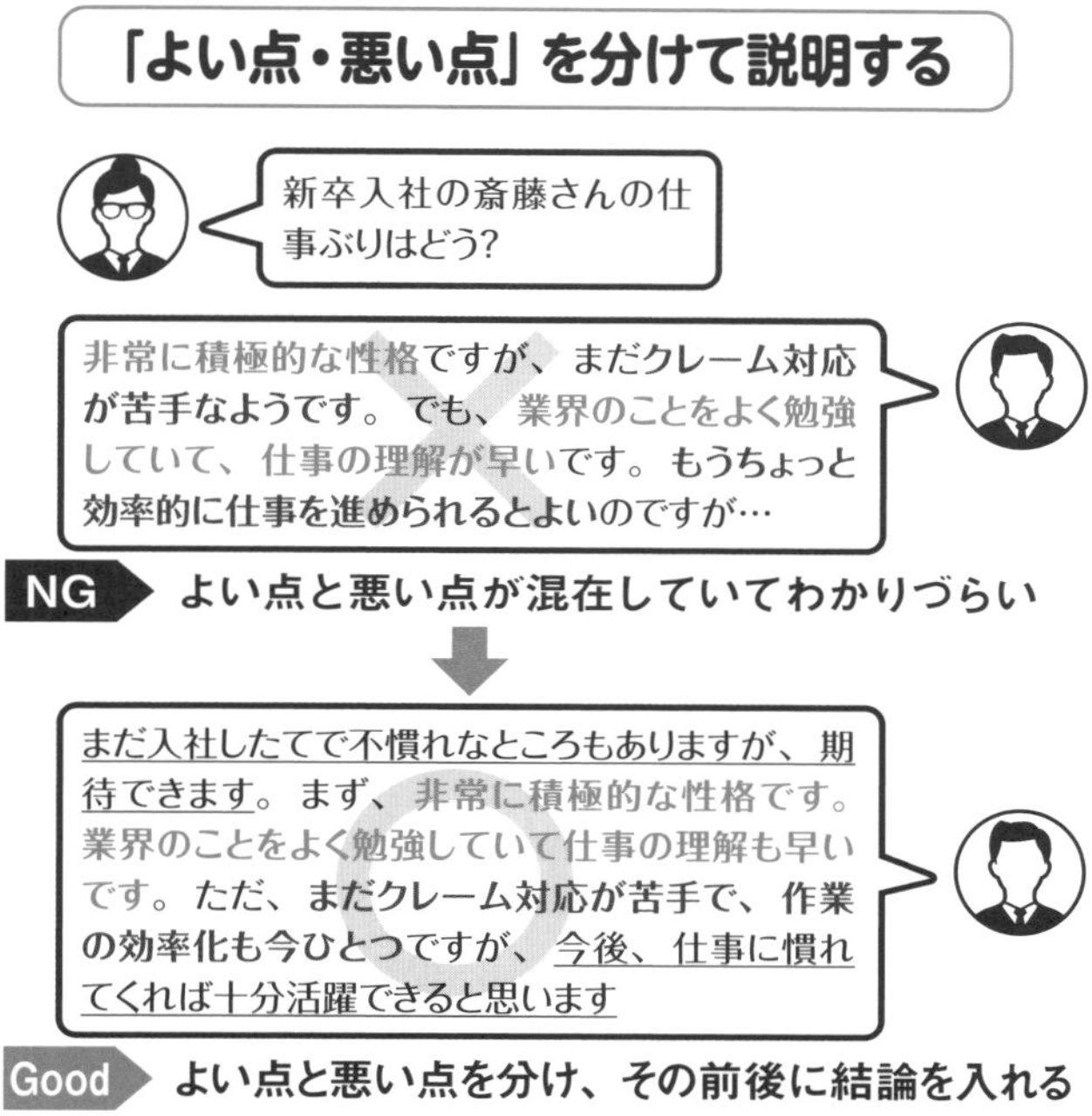

「よい点・悪い点」を分けて説明する
新卒入社の斎藤さんの仕事ぶりはどう？
非常に積極的な性格ですが、まだクレーム対応が苦手なようです。でも、業界のことをよく勉強していて、仕事の理解が早いです。もうちょっと効率的に仕事を進められるとよいのですが…
NG よい点と悪い点が混在していてわかりづらい
まだ入社したてで不慣れなところもありますが、期待できます。まず、非常に積極的な性格です。業界のことをよく勉強していて仕事の理解も早いです。ただ、まだクレーム対応が苦手で、作業の効率化も今ひとつですが、今後、仕事に慣れてくれれば十分活躍できると思います
Good よい点と悪い点を分け、その前後に結論を入れる

A よい点と悪い点を分けて説明する

聞き手に「よい点やメリット」と「悪い点やデメリット」などを伝えるとき、それらが混在しているとうまく伝わりません。説明をするときは、**よい点、悪い点を分けて説明し、その前後に結論を入れる**とわかりやすくなります。

まずは結論を述べ、その判断材料となるよい点と悪い点をそれぞれまとめて説明し、最後にもう一度結論を入れる、という順番で伝えることによって、聞き手は順番どおりに箇条書きするだけで、結論とポイントがスムーズに把握できるのです。

Q 03

初対面の人との会話を弾ませるにはどうしたらいい？

「きっかけ」を尋ねる質問は答えやすい
なぜ、と言われても…

なぜ、経理のお仕事に就かれたのですか？

大学時代、手に職をつけようと簿記の勉強をはじめまして…

どういうきっかけで、経理のお仕事に就かれたのですか？

「きっかけ」を聞いて相手のバックグラウンドを知ることで、その後の会話も広がるんだね

A 「なぜ」ではなく、「きっかけ」を聞く

初対面の人と会話をする際、相手の職業や趣味を尋ねる人は多いと思います。

しかし、その際に「なぜ？」と理由を尋ねるのは避けたほうがよいでしょう。「なぜ？」というひと言は、相手が答えにくい、あいまいな問いかけだからです。

また、「なぜ？」という言葉には否定的な側面もあり、「なぜ、このお仕事に就かれたのですか？」などと聞くと、受け手によっては自分の職業が否定されているように感じる場合もあります。

相手の「人と違ったユニークな点」を肯定する

相手の「人とは違っているユニークな点」を話題にするときは、「肯定的な感想」＋「きっかけの質問」で、相手は気分よく話してくれます
楽器が弾けるって素敵ですね！どういうきっかけで津軽三味線をはじめたんですか？

では、どうすればいいのか？そのコツは、意外と簡単です。

「どんなきっかけで、このお仕事に就かれたのですか？」などと、**「きっかけ」を尋ねる**のです。たったこれだけで、「なぜ？」という言葉のあいまいさや否定的なニュアンスがなくなります。また、相手も今の仕事をするようになった経緯を、順を追って説明すればいいので答えやすくなります。

相手の「人と違ったユニークな点」を見つけて、ほめるのも効果的です。この場合も、「なぜ？」ではなく「きっかけ」を尋ねるのがお勧めですが、さらに、最初に「相手を肯定するひと言」をつけ加えるとより効果的です。

たとえば、相手が珍しい趣味を持っている場合は、「津軽三味線が趣味なんですか、素敵ですね。どんなきっかけで習いはじめたのですか？」と、最初に肯定的な感想をひと言加えるだけで、相手は気分よく話してくれるはずです。

Q04 相手の行動を促すには、どのように伝えるのが効果的？

人は論理だけでは動かない

たとえば、「いい車とは何か?」を論理的に考えた場合、低燃費や環境に優しいなど実用面を重視するはずですが、実際には感覚的な意見も多いです
ステイタスとしてこの車に乗りたい
エンジン音がたまらない
デザインが素敵
加速感が気持ちいい

A 論理と感情のバランスを考える

思考を言語化するうえで、論理的に伝える能力は重要ですが、**人を動かすときには、論理だけでは不十分なことが多い**です。なぜなら、人に動いてもらうためには、論理と感情のバランスを考えて伝えることが大切だからです。ときには、ほめて乗せることも有効かもしれませんし、自分の失敗談を伝えて相手の気を楽にさせたり、共感させたりすることが効果的な場合もあります。

交渉は感情に支配されがちです。常に**論理を押し出して話すのではなく、「相手の行動しようと**